釈宗演と明治

ZEN初めて海を渡る

中島美千代
Michiyo Nakajima

ぷねうま舎

装丁＝矢部竜二
BowWow

若き日の釈宗演

シカゴ万国宗教会議

前列中央, 釈宗演, 後列向かって左, 鈴木大拙.
明治38年, サンフランシスコにて

釈宗演

洋装の釈宗演

ラッセル邸にて．アレクサンダー・ラッセル，
鈴木大拙と共に

若き日の鈴木大拙

ポール・ケーラス

はじめに

夏目漱石が明治四十三（一九一〇）年に発表した小説『門』に、主人公宗助が禅寺に参禅するくだりがある。「彼は悟りという美名に欺かれて、彼の平生に似合わぬ冒険を試みようと企てたのである。そうして、もしこの冒険に成功すれば、今の不安な不定な弱々しい自分を救う事が出来はしまいかと、はかない望を抱いたのである」というのが参禅の理由だった。宗助は十日ほどで山を下りるのだが、参禅する場面は、漱石の実体験をもとにして書かれている。ここに登場する老師というのが釈宗演である。彼は、鎌倉にある円覚寺の管長だった。のちに「世界の禅者」として知られる鈴木大拙の師でもある。

参禅する理由は人それぞれだろう。禅寺には坐禅希望者も増えているようだ。国内だけでなく、欧米の人たちの坐禅の様子を、テレビで何度も見たことがある。若い人も年配の人も静かに坐禅を組む様子に、違和感はない。今では見慣れた光景といってもいい。坐禅を生活にとり入れている人が、生活のリズムを保つことができる健康法でもあると語っている。ヨーロッパには禅の道場が数百もあるという。西洋のある国の病院は、燃えつき症候群や病気治療、あるいはターミナルケアに坐禅をとり入れているそうだ。ヨーロッパでは、禅は「おだやか」という意味もあるらしい。坐禅を必要としている人は多いようだった。

曹洞宗大本山の永平寺がある福井県の永平寺町では、毎年夏にこの町を流れる九頭龍川《くずりゅうがわ》で永平寺大灯籠流しが行われる。平成二十九（二〇一七）年には会場から見える城山の斜面に、光の巨大な「Z」の文字が浮かんだ。地元の住民グループがZEN（禅）文化をアピールしたのだという。多くの人が灯籠流しと同時に「Z」、すなわちZENの灯りを見たことになる。欧米でも、禅はZENとして日本語の音韻で表現され、馴染まれている。このZENを欧米に伝えたのは誰で、いつごろのことなのだろう。もしそのきっかけを与えた者が日本人ではなかったら、他の国の人であったら、きっと違う言葉で広まっていただろう。

明治二十六（一八九三）年、コロンブスのアメリカ大陸発見四百年を記念して、シカゴで万国博覧会が開かれ、その部会の一つとして万国宗教会議が開催された。世界の諸宗教の代表者が集まるという世界宗教史上初めての出来事だった。参加したのはイギリス、フランス、ドイツや中国、日本などの十九カ国で、ユダヤ教、イスラム教、仏教、ローマ・カトリックなど十六の宗教だった。各宗教代表者は二百人を越えた。日本から仏教代表の一人として参加した臨済宗の釈宗演は、この檜舞台で禅を核とした仏教を伝えたのである。これが禅を欧米に伝えた最初だった。

釈宗演は、ここに禅の種を撒いたのだ。

円覚寺の管長にして鈴木大拙の師であり、夏目漱石も参禅したと聞けば、誰しも雲の上にいて、峻厳な近寄りがたい高僧だと思うだろうが、釈宗演はそうではなかった。禅の修行をひと通り終えたあと、洋学と英語を学ぶために福澤諭吉の慶應義塾へ入塾し、さらに仏教の源流を遡ろうと、セイロン（現・スリランカ）に遊学するという、当時としては型破りの禅僧だった。彼は江戸時代から続く古い因襲に囚われた仏教の近代化と、海外布教をめざしていた。このように血気みなぎる一面がある一方で、情にもろく、悲哀を感じると人の前でもすぐに泣いた。厳しく指導するが弟子の面倒見もいい。舌鋒鋭く、口は悪いが慈悲深い。早くに父母も兄弟も亡くし、「天地一箇孤独」の身であることの哀しみを、胸の底に張りつけて生きていた。釈宗演はこんな人間味に溢れた人だった。この釈宗演が撒いた一粒の種が、ドイツ系アメリカ人で宗教哲学者の心をとらえた。その種はどのように発芽し、今日見る海外での坐禅の隆盛に繋がっていったのだろう。

禅がZENとして欧米に広まったのは、その端緒に釈宗演という人物がいたからであり、それを継いで禅の種が花を開くまでの遠く険しい道を歩んだ人たちの意志と力があったからだ。その意志と力は、人間のどこから生まれてくるのだろう。そして、「厳しい修行によって煩悩を断つことが果たしてできるのだろうか。「悟り」は体験できるのだろうか。さあ、そんな問いかけを抱いて、釈宗演とその時代への旅に出よう。そこには大きな足跡が、セイロンに、東南アジアに、そしてアメリカにと強く深く刻まれている。

釈宗演と明治
ＺＥＮ初めて海を渡る

目次

序章　ふるさと若狭高浜

——青葉山と白い砂浜の町——

明治三（一八七〇）年、春まだ浅い三月、丹後街道沿いの家の前に人が集まっていた。その中に、この村出身の高僧、越渓守謙《えっけいしゅけん》がいた。そのまわりを村の人たちが取り巻いている。越渓は母の九十二歳の祝いを終えて、京都妙心寺へ帰るのである。越渓には飯田道一上座《どういちじょうざ》が伴僧として同行していた。そしてもう一人、小さな同行者がいる。十歳になる一瀬常次郎《いちせつねじろう》である。人々は越渓に別れの挨拶をしたあと、常次郎に向かって、「早く修行して大寺をもてよ」といった。常次郎は大きく頷く。

「高僧になれ」。

兄は力強い声でいう。常次郎はこれにも大きく頷く。

「達者で暮せよ」。

父がいうと、母はそれに合わせるかのように何度も小さく頷いていた。常次郎は頷くのを忘れて、父と母の顔を見る。

越渓と道一はもう歩きだしていた。常次郎は小走りにそのあとを追う。荷物というほどの物もない。風呂敷に包んだ着替えを肩から斜めに担いでいるだけである。着物も普段着のままだ。越渓と道一の足は早い。村の外れでふと常次郎は立ち止まり、振り返った。父と母と兄だけがいた。父は少し脚を広げて踏ん張るように立っている。母は手を合わせていた。兄は父の隣にただ立っていた。三人は佇む常次郎をじっと見ている。常次郎は二、三歩、後ろ向きのまま歩いたが、踵を返すと越渓の後を追う。これがどういうことなのか、常次郎はようやく理解した。出家を決めたのは数日前のことである。急な旅立ちだった。

冬枯れの寒々しい色合いの青葉山が近づいてくる。道は緩やかに曲がる。もう見えないとわかっていて、振り返る。やはり、家はもちろん、父母も兄も見えない。しかし常次郎にはついさっき見た三人が、そのまま今も立っているような気がしてならなかった。

常次郎が丹後街道を歩いて京都へ向かってから、およそ百四十年が経っている。私は今、のちに釈宗演となった一瀬常次郎の生まれた高浜へ向かう電車に乗っている。

通路を挟んだ隣の席に、小学五、六年生ぐらいの少年と若い父親が向きあって座るところだった。父親は自分の黒いコートと少年の真っ赤なジャンパーを無造作に丸めて棚にのせる。少年は首から黄色い紐で小型のデジタルカメラを下げていた。彼はすぐに父親の黒い大きな鞄をあけて本を取りだした。『普通電車年鑑』という表紙が見えた。

少年が開いた頁には、明るいグレーの車体に窓のまわりは白い塗装、エメラルドグリーンの帯が入った電車の写真があった。そうなのだ。彼は自分が乗った電車のところを開いていた。小浜線を走る普通電車の車体は、写真の通りだ。敦賀駅で発車を待つこの電車を見たとき、私は若狭湾の海の色と白い波を想い浮かべたのだった。

小浜線は福井県の敦賀から東舞鶴までの全長八十四・三キロメートルを約二時間で結ぶ路線である。東舞鶴は京都府であり、高浜はその四つ手前、福井県の西の果てに近い。電車は二両編成のワンマンカーで、一両でも走行可能な構造になっているのがめずらしい。私は進行方向右側の、四人がけボックスシートに座った。右側に海が開けてくるからである。

電車が敦賀を出ると間もなく右側に、低い山の間から日本海が見えた。海は快晴の空を映して真っ青である。しかも湖のような静けさだ。左側には丹波高地といわれる山岳地帯が広がる。

この小浜線が全通したのは大正十一（一九二二）年なので、その晩年には高浜へ帰ってくることが多かった宗演だが、この路線の電車に乗ることはなかった。

少年は父親の鞄からチョコレートの入った大袋をだすと、本を見ながら三つほど続けて食べた。父親は一つつまんだだけであった。少年は次に自分の鞄の中からＪＲの小さな時刻表と黒い折り畳みの傘を取りだすと、ペットボトルをだして水を飲んでいる。鞄は鉄道の旅にでるときのものなのだろう。

父親が小ぶりの水筒の蓋を取ると、湯気が上った。親子はそれぞれに時刻表を広げ、次に乗る電車を決めようとしている。終点、東舞鶴で舞鶴線に乗り換えて綾部にでる。父親はそこから京都市に入ろうかというが、少年は「嫌だ」と答える。彼は丹後の方へいきたいらしい。父親は頷いた。

この少年に出家したときの宗演が重なった。時刻表を見つめる少年を見ているうち、私は宗演の自伝『衣のほころび』を思いだした。


私の出家したのは明治四年（一八七一、正しくは三年）の三月である。丁度取って十二才（数え年）であった。この出家というて、実は何の目的なぞあった訳じゃない。元来私の兄がそれ自身出家を希望しておったけれども、宗領《ママ》は家を嗣ぐという昔風であるから、その志を達することが出来ぬ、いわば私は兄の身代りに立ったのじゃ。折しもこの年の三月、越渓《えっけい》老師がその母の九十二の祝をするとて、西京の妙心寺から下られた。越渓老漢は私の親戚から出て、常高寺《じょうこうじ》の大囦《だいゆう》和尚に就いて得度し、備前の仏国興盛《こうじょう》禅師（特賜）、即ち儀山《ぎざん》老師に法を嗣《つ》いで大拙和尚（鬼大拙）を佐《たす》けて相国寺に十八年大衆を接得して、後は独園《どくおん》和尚に譲り、また妙心寺の天授院に移って新たに僧堂を開き、ここにも殆ど二十年ばかり四来の雲衲《うんのう》を世話せられた本光軒越渓老漢とはこの方である。

そこでこの時、兄が両親に迫って私を越渓老漢の弟子にしてもらうことにした。老漢は快く受けられて豪傑《エライ》ものになる積りなら許すといわれた。私は何の深い考えもなかったけれども、高僧《エライヒト》になれば天子様でも法の御弟子にすることが出来るということを平常兄から聞いていたので、それで出家の決心が出来た。いわば児童の好奇心じゃ。その時、越渓老漢の伴僧をしてきたのが飯田道一上座であった。
それですぐに京都へ伴《つ》れられることにきまった。愈々袂《ママ》別となって暇乞いをする時に皆の人が、「早く修業して大寺を持て」といった。唯兄は、「高僧になれ」といった。両親の贐言《はなむけ》は、「達者で暮せよ」の片言であった。

宗演が自伝を書きはじめたのは、明治三十二（一八九九）年ごろとされている。四十歳をすぎていた。ひと通り禅の修行を終えたあと慶應義塾で洋学と英語を学び、二十七歳でセイロンへの遊学を果たし、帰国すると三十二歳で円覚寺派管長に就任。翌年にはシカゴの万国宗教会議に日本仏教代表の一人として出席している。名実共に高僧であった。

この自伝は未完のまま終わっているが、生い立ちから十八歳までを記してある。宗演は出家の決心を「いわば児童の好奇心じゃ」と述べているが、十歳の少年に好奇心の先にある人生を想像することができただろうか。

今井伍市という人がこんなことを書いている。

亡父が常に斯云事を云ふて居た「或年俺のおぢに當る越渓さんが備前から若狭へ歸られた時、宗演さんは十二歳俺は十五歳位だつたと思ふが、宗演さんと俺に向つて越渓さんの云ふ様に『己れの小僧になる者には御褒美に此菓子をやらう』と一つの菓子を出された。其時俺は『嫌だ』と云ふたのに宗演さんは喜んで其菓子を貰ひ、遂に越渓さんの御弟子になられた」と。私は此話を聞く毎にやはり幼児の老師と亡父とを其れとなしに思出すのであります。

（『宗演禅師と其周囲』）

越渓老漢すなわち越渓守謙は常次郎の出家を託されたとき、十歳の少年の心をたしかめる意味で一つの菓子をだしたのだろう。「いわば児童の好奇心じゃ」と出家を決めた少年のあどけなさの残る逸話である。

電車は小浜で二十分近く停車していた。単線なので東舞鶴からの電車を待っていたのだ。小浜を出てトンネルを抜けると、海が広がってきた。リアス式海岸の若狭湾は小さな島や入り江が多く、それが海岸線の彩りになっている。沖は濃い青緑、それが徐々にエメラルドグリーンになって海岸に近づいている。小浜線はときに海沿いにのびる国道と並行に走り、ときには頭上を舞鶴若狭自動車道が横切る。都市部と変わらない住宅が建つ中に、粗壁《あらかべ》の土蔵が見えることがある。

蜜柑の木を植えている民家が多い。緑の中に橙色《だいだいいろ》に輝く大きな蜜柑をつけた木は、海に飾るブローチのように見えた。

宗演は歩いた道を記してはいないが、見送られて出立した三人は丹後街道を西へ向かったとされる。このころ若狭から京都へ通じる道は鯖《さば》街道とよばれ、幾通りもあった。若狭湾で穫れた魚介類、ことに鯖をひと塩して京都まで一昼夜で運ぶためである。一昼夜といっても、これは鮮度を命とする魚介類を運ぶ商人の脚によるものだ。中には冬に命を落とした人もいたといわれほど険しい丹波高地を縦断する街道もある。越渓たちは、敦賀から京都府の舞鶴、宮津へ通じる丹後街道で京都へ入ったというのが地元での定説である。これが若狭高浜から京都へ通じる最も西側で安全なルートなのだ。丹波高地の縁辺を迂回するが、そこを抜ければ洛西の妙心寺は近い。

越渓たちはしばらく海沿いの丹後街道をいく。海を渡ってくる風を全身で受け、砂浜を叩く波の音を聴く。前をいく二人の墨染の衣の裾が風に煽られている。かじかんだ手を握りしめて、常次郎は遅れまいと懸命に歩く。

三人が歩いた丹波高地の縁辺にも山や峠はある。三月とはいえ残雪もあったかもしれない。大人たちは会話もなく、振り返りもせず、ただ歩く。

「高僧になれば天子様でも法の御弟子にすることができるのだぞ」。

常次郎は、いつも聞いていた兄の言葉を思いだす。

冬枯れの雑木が風に震える山道をすでに数里歩いた。草の原も抜けた。朽ちた落ち葉を踏み、雪で折れた枝を払いながら、峠の道へ向かう。常次郎はきた道を振り返って見る。もう青葉山も海も見えない。しかし、ここからならまだ一人ででも戻ることができる。父母と兄はもうとっくに家に入っているだろう。家の中の様子が目に浮かぶ。

「峠を越える前にあの茶店でひと休みいたしましょう」。

道一の大きな声が聞こえた。先の方を見ると、小さな茶店が見える。常次郎は二人を追い越して駆けていく。担いだ荷物が背中で跳ねる。茶店の前で振り返ると、越渓が笑っていた。温かい茶をもらい、団子をほおばる。ひと休みして歩きだせば、越渓たちとの距離がすぐに開く。常次郎は小走りに追う。

京都まで何日かかったか。まだ日暮れも早く、冬眠から覚めた動物もいる。けっして安全とはいえない。どこかの寺で泊めてもらい、ひたすら歩いたのだろう。いよいよ京都の町を俯瞰《ふかん》できる峠に立ったとき、越渓が「あれが京都の町じゃ」という。四方を山に囲まれた大きな町は、薄紫に霞んで見えた。

高浜が近づいてきたとき、重なる山の向こうに三角の山の上部が見えてきた。すぐに青葉山だとわかる。見え隠れしながら近づいてくる。宗演が生涯、心に置いた山である。

少年が前の方にいったきり座席に戻ってこないので、私は通路側に移って体をさらに捻って前を見た。正面に青葉山が見えた。運転席の後ろの仕切が透明なので、前方がよく見える。少年は手すりを摑んで立っていた。流れてくる線路を見ているのだろう。線路の正面に立っていると、遠くの点のように見えていた線路が二本に分かれて走ってきて、車体の下に吸いこまれていく様子が見えるに違いない。

電車は若狭高浜駅に着いた。降りたのは私を含めて五、六人だった。少年はまだ手すりを摑んで前方を眺めている。ホームの階段を上がりきらないうちに電車は走りだした。

駅の前に立つと左斜め前方に青葉山が見える。敦賀を出て以来、左側の車窓から消えることのなかった山は、ここでも海岸近くまで迫っていた。面積の約七十六パーセントが山岳という高浜は、山と海に挟まれた狭い町だった。

釈宗演はここ、高浜で生まれた。駅前から少し左に折れてみると、京都と名のつく銀行の支店があった。商店の駐車場にも、走る車にも京都ナンバーの車が多い。

駅を背にして大通りを海に向かって歩く。若宮という案内に従って左に曲がると、丹後街道といわれる通りにでたものの、なかなか目標の長福寺は見えてこない。ちょうど家の前で植木の世話をしていた老人に尋ねる。

「ああ、あと五、六軒向こうやわ」。

老人は京風の言葉で教えてくれた。そのやわらかい言葉に惹かれた。

「昔、このあたりで釈宗演というお坊さんが生まれたのをご存じですか」。

「知ってるよ」。

老人は笑いながら頷いた。

「何かお聞きになってることはありませんか」。

「昔のことやからなあ。酒が好きやったいうことだけしかわからんわ」。

宗演と同じ時代を生きた人の話が、今を生きる人に少しばかり伝わっているようだ。

晩年の宗演は長福寺での鐘銘《しょうめい》のために、また若狭本郷村の日露戦没者追弔法会拈香《ついちょうほうえねんこう》など、鎌倉の円覚寺派管長の職務をもって故郷へ帰ることも多かったようだ。郷里の土を踏めば、幼いころの知人や友人と会っている。その時々に酒を酌み交わしていたのだろう。老人は、この町に降る雪のことや青葉山のことなどを少し話した。比較的温暖な地で、雪も多く降っても十センチメートルほどらしい。山岳を背にしているが平坦な地であるからだという。

「長福寺の少し向こうに、生誕地の碑があるから」。

老人は親切であった。老人のいう通り、少し歩いた所に古びた門をもつ寺があった。白壁の長い塀が路地の奥まで続いている。

長福寺から少し西側には宗演の法孫で、円覚寺派管長時代の朝比奈宗源《あさひなそうげん》の手になる「釈宗演禅師生誕之地」という碑が建っていた。生家はもうないが、この場所から寺子屋だった長福寺に毎日のように通うわんぱく少年が見えるようであった。また夏になると、午後には謡曲の師匠のもとへ通う。これは若狭の風習で、村の鎮守祭でも、町の氏神祭でも、必ず能と謡《うたい》をやらなければならなかったからだ。この風習はおそらく京都の文化が根づき、残ったものだろう。老人によれば、高浜では現在でも謡を習う人が多いとのことだった。

生誕地跡からさらに西へ歩くと、右側に海岸へ出る路地があった。路地の両側にわずかばかり民家が並んでいるが、四角に切り取ったように海が見える。その海に招かれるように路地をでる。真っ青な海だ。白い砂が広がる浜辺に、静かに波が寄せている。寄せてくる波は砂浜を駆けあがるように白い爪をたてる。力つきて引いていくとき、レースのような模様を描いて消えていった。

高浜湾は解放されるように開けている。湾をつくる両脇の半島が、左右に少し腕を広げたような形でのびているからだ。砂浜と道路の間に一メートルほどの高さの防潮堤があった。この辺りから丹後街道は海沿いになる。

地形が弓のようにカーブを描いているので、海岸線近くまで裾野を広げた青葉山がよく見えた。高浜の浜辺から見える青葉山は円錐形で、背後に山がないからいっそうその美しさが際立っている。頂上の木々は葉を落とし、梢が茫々《ぼうぼう》と煙っている。所々に深い緑色の常緑樹が見えるけれども、落葉樹といったいになって冬の山の色をつくっていた。舞鶴市との県境に聳える青葉山は高さ六百九十九メートル。ゆったりと稜線を広げたその形は、若狭富士といわれている。

十歳まで高浜で暮らしたといっても、「襁褓《きょうほう》の中の事は何にも覚えておらぬ」と自身が書いているように、記憶にあるのは出奔するまでの七、八年ほどだろう。それでも青葉山は故郷そのものだったようだ。

七年不省故郷関　　七年省みざる故郷の関
骨肉多帰黄土間　　骨肉多くは帰す黄土の間
慰余愁念知何物　　余の愁念を慰む、知らん何物ぞ
依旧雪浜青葉山　　旧に依って雪浜青葉の山

母も父も兄も亡くなってから、宗演は帰っても楽しみがないと、七年ほど故郷に帰ってはいなかった。しかし故郷の雪浜と青葉山が懐かしく宗演の胸に去来するのである。雪浜は高浜の雅称で、小学校が設立されたときに雪浜小学校と称された。のちの高浜小学校である。高浜の海岸の砂は、雪のように白く美しい。村のどこからでも見えた青葉山も、目を閉じれば浮かんでくる。宗演は故郷の風景を背負って生きた。

平成三十年は、宗演が没して百年になる。高浜の町は近代化しても、海は青く、波は白い砂浜に寄せ、青葉山は聳えている。昼をすぎると青葉山の襞が濃くなっていく。私は帰りの電車の時刻をたしかめる。また、あの少年を思いだした。彼は丹後をまわってくるに違いない。もう小浜線で会うことはないだろうが、運転席の後ろに立っていた少年の後ろ姿に、幼いころの宗演がい

つまでも重なっているのだった。「いわば児童の好奇心じゃ」と出家を決めた宗演と、普通電車に夢中の少年。いつか彼にも一人で旅にでる日がくるはずだ。

いつの時代も、時代が求める人がいる。日本が近代化をめざした明治という時代に仏教界は翻弄されていた。このとき禅は、海辺の小さな村の一瀬常次郎を引き寄せたのである。

第一章　出家

――雛僧が修行を終えるまで――

　釈宗演は、安政六（一八五九）年十二月十八日に福井県大飯郡高浜町に生まれた。幼名は常次《つねじ》郎《ろう》である。父は一瀬《いちせ》五右衛門信典、厳格で信心の堅い人であり、母の安子は慈悲深く涙もろい人だった。家業は農業を営んでいた。二男四女があった。しかし長女と末の妹が幼くして死亡し、次女、三女は他家へ嫁ぐことになる。

　兄の忠太郎は大人しい性格で、幼年のころから小浜の常高寺へ寄留し、のちに建長寺派管長になった貫道周一《かんどうしゅういち》禅師などから薫陶をうけていた。忠太郎は、字も書き、歌も詠み、画も描き、謡も好きという人だった。家には出戻りの叔母に落魄の伯父、親戚の居候などがいたが、兄は十人あまりの家の内をまとめることもできたという。

　次男の常次郎は、二歳か三歳のときに重い麻疹にかかり、九死に一生を得ている。だが成長するにしたがって、仲間と相撲をとったり、喧嘩をしたりと、わんぱくぶりを発揮するようになる。

負けず嫌いであった。「そのくせ痩っぽしで弱味噌であった」というが、これは常次郎が体の弱い子供であったことをいっている。大人になっても丈夫ではなく、多くの写真を見ても痩軀《そうく》の宗演がいるばかりだ。

こんな逸話も残っている。ある日、常次郎を見た筮卜師《ぜいぼくし》が父親にいった。「この児には非常に烈しい気性がある。若し俗間においたら不祥なことも起きかねない。宜しく出家さすべきだ」と。僧装束をまとった宗演のどの写真からも、眼光鋭く近寄りがたいものを感じる。この鋭い眼光は子供のころからなのだ。その目が気性の激しさをうかがわせ、俗界に身を置けば、あるいは道を踏み外すかもしれない、と思わせたのだ。少年の常次郎に、そんな自覚が生まれようはずもない。信心の篤い両親がいて、兄の勧めもあってのこと、出家に抵抗はなかった。このときはまだ「兄の身代り」とすら思っていない。その上、越渓守謙《えっけいしゅけん》は縁戚である。寺院も僧侶も身近なもので、少年のやわらかい心は「何の深い考えもな」く、出家を受け入れたのだ。

福井県は人口十万人あたりの寺院数において全国第二位である。なかでも浄土真宗の寺が多い。それには、開祖親鸞聖人と第八世蓮如上人の巡教の影響を受けたこともあろう。さらに、地方の領主、豪族が蓮如上人に帰依して新たに一宇《いちう》を建立したこともあずかっているだろう。しかし高浜では、禅宗の系統に属する臨済宗の寺が七割を占めている。臨済宗相国寺《しょうこくじ》派が、南北朝のころに高浜の内浦地方に広まったことから、若狭守護職武田氏が深く帰依し、長福寺を創建した。

また高浜の城主逸見《へんみ》氏も禅を重んじ、大飯郡内の廃寺を興して、興禅に寄与したことも大きかったとされている。一瀬五右衛門家は長福寺の檀家であった。長福寺は寺子屋でもあったため、常次郎は六、七歳のころから手習いに通っている。

常次郎の出家を託された越渓守謙は、このとき六十四歳。花園妙心寺の懇請を受けて大本山相国寺から妙心寺塔頭《たっちゅう》（一山内の寺院）天授院《てんじゅいん》に入り、禅堂を開いていた。彼はそののち、妙心寺派管長となり、後進の教導に力を注ぐ。越渓も次男で、十歳で出家していた。

その他にも高浜から出た僧には、元興寺中興の祖と仰がれた詼堂《かいどう》和尚、京都大本山相国寺派管長となった維明《いみょう》和尚、維明和尚の甥で銀閣寺主座を務めたあと、大本山相国寺派管長となった周《しゅう》侔《しゅん》和尚、京都大本山南禅寺第三十五世の鼇山《ごうざん》和尚がいる。「高僧になれ」という兄の言葉も、あながち夢や励ましとばかりはいえない。高浜は、幼くして出家し、のちに高僧と仰がれた人を輩出した地なのだ。しかもこのときは、越渓守謙という高僧が目の前にいた。故郷の環境が禅師釈《しゃく》宗演《そうえん》を生んだともいえるだろう。

明治三（一八七〇）年、越渓守謙について出家した常次郎は、妙心寺の天授院に入り、小僧になる。妙心寺は山号を正法山《しょうほうざん》といい、臨済宗妙心寺派の大本山である。開山は関山慧玄《かんざんえげん》、開基は花園法皇だ。十万坪の境内には南総門、勅使門、三門、仏殿、法堂《はっとう》、大方丈《だいほうじょう》、小方丈《こほうじょう》などが建ち並んでいる。敷石の舗道が縦横に通じ、それに沿って塔頭《たっちゅう》四十余宇が整然と軒を連ねており、天授院もその一つである。

はじめ、常次郎は越渓から祖光と命名されたが、その後、戸籍面の都合があって宗演と改めている。姓は釈越渓から釈をついだ。宗演は小坊主としての行儀作法を覚えるのだった。お経の稽古、陀羅尼《だらに》、祖録《そろく》などの読み方を教えてもらう。世話をしてくれたのは、越渓の隠侍《いんじ》（師家に仕える者）である真浄《しんじょう》であった。

越渓が師家《しけ》となった僧堂は開単《かいたん》したばかりで、禅堂の大衆《だいしゅ》（僧）が三、四十人もいた。その上、塔頭が多いので、宗演のような年の者も多くいる。だが、そうした雛僧《すうそう》の仲間で、宗演にとって親友と思えたのは三、四人しかいなかった。女子のいない子供の集団は、体力の差や年齢の差に対するいたわりなどはなく、子供らしい残酷さもあって、厳しいものだったに違いない。子供なりに緊張を強いられることもあっただろう。また雲水の大方はひと癖ありそうな人であった。そんな中で、十歳の宗演の夏はたちまちすぎていく。

しかし開単して日も浅く、台所事情が苦しいこともあって、冬の間は尾州の四ツ谷（愛知県稲沢市）の長光寺へ会下移《えかうつ》し（修行の場の変更）になった。

旅立つ越渓は堂々とした装束だが、同行する二人の僧は、みすぼらしい菅笠《すげがさ》に脚絆《きゃはん》、甲掛《こうが》け、七ツ下りの衣に草鞋ばきというい でたちだった。宗演はというと、普段着にやはり草鞋ばきである。そうして中仙道をいく。

宗演の生家の前は丹後街道だったが、同じ街道でも中仙道は趣が違う。数年前には参勤交代の行列が通った街道である。大きな宿場町があり、商家が軒を連ねる。大勢の通行人がいる。宗演は大津の走り餅を食べ、矢馳《やばせ》の渡しにはしゃぎ、磨針峠《すりはりとうげ》の景色を眺め、醒ヶ井《さめがい》で冷たい清水を飲んだ。さらに、やがては金の鯱《しゃちほこ》を少しでも見られるかもしれないという楽しみもあった。宗演はこの道中、子供ながらに旅行の快楽を知ったのである。ここで味わった快楽が、のちの宗演の一生を通じて、常人には考えがたいほどの巡教や講演旅行をこなすエネルギーの一つになったのかもしれない。

さて、長光寺に着いて二、三日しかたたないうちに、宗演は問題を起こす。門前のわんぱく坊主と喧嘩をした挙げ句、その中の十四、五歳の相手をしたたかに打ちのめしたのである。その母親が怒鳴りこんできた。

「ここの御知識《おちしき》さんの小梵《こぼん》は頓《とん》でもない。うちの倅を打ちすえて生疵《なまきず》を出かした。承知ならぬ、どうしてくれる」

と、雷のような声で騒ぎたてる。子供の喧嘩に親が出ることもないが、この母親にしてみれば、宗演を目の前に見て、叫ばずにいられなかったのだ。倅がやられた相手は十歳ほどの、痩せて小柄な子供である。そのくせ、鋭い目つきの生意気な顔をしている。しかも寺の小僧ではないか。このままでは親として我慢がならない。まわりの取りもちで治まったものの、これが越渓の耳に入った。宗演は厳しい小言をくらい、名古屋の泰雲寺へあずけられるのである。のちに宗演は、この処置を喧嘩の成敗だけでなく、深い思案があったのだろうと解釈している。鋭い眼光は、子供の宗演には不利に働くこともあった。

この泰雲寺で和尚から本を習い、手習いをする。親切に世話をしてくれる人もいた。詩語砕金《しごさいきん》や文選字引《もんぜんじびき》の使い方もここで覚えた。泰雲寺にあずけられたことは宗演にとってかえって仕合わせだったのだ。しかし年が明けると、妙心寺住番の薩門宗温《さつもんそうおん》が遷化《せんげ》（逝去）した。越渓がその跡へ入って住番を務めることになり、宗演は迎えにきた真浄に連れられて彦根をまわって京都へ帰ることになる。途中まで同行した禾山玄鼓《かざんげんく》、十三歳で出家したという兄弟子に古偈《こげ》を教えられて暗誦した。他にも真浄から古人の名詩を教えてもらう。冬枯れの山路や野原を歩きながら大きな声で吟じた。空高く、宗演の声が響く。足も軽い。何と気持ちのよいことか。ゆきかう人が小坊主に目を止める。大和尚が遷化しようが、越渓が住番しようが、宗演には知ったことではない。旅することが愉快で仕方ないのである。十一歳の少年は明治になって四年の日本がどういう時代を迎えていたのかも、仏教界がどれほどの苦難の境に立たされているのかも知らずにいる。また真浄の方も、教えた名詩を大きな声で吟じながら歩く小坊主が、やがて明治の仏教改革をめざし、禅を世界に広めるパイオニアになるとは想像もしなかっただろう。

玄鼓と別れたあとは、真浄と宗演の旅が続く。真浄は八歳で得度し、十五歳から行脚《あんぎゃ》をはじめ、鎌倉円覚寺僧堂の東海昌晙《とうかいしょうしゅん》に参じていたが、そののち京都相国寺の越渓の鉗鎚《けんつい》（厳格な教え）を受け、越渓が妙心寺に迎えられると、共に移った雲水だった。

この真浄には、こんな逸話がある。後年、ある人から招待を受けた帰り、鯛の塩焼きの頭が折詰の端からはみだしているのを下げたまま、亡くなった知人の家へ平気で弔辞を述べに立ち寄ったというのだ。これを飄逸《ひょういつ》というのか、無頓着というのか、大らかというのか。それはともかく、真浄は京都妙心寺で雛僧《すうそう》時代、雲衲《うんのう》時代をすごす宗演を、手厚く世話してくれるのである。越渓は俗縁のある宗演にはとりわけ厳しく、容赦するところはなかった。

越渓は本山妙心寺住持職の住まいである小方丈《こほうじょう》へ移った。真浄も侍衣《じえ》（師家の衣服、金銭などを司る）となって共に移る。しかし宗演は、ひどい疥癬《かいせん》に罹って天授院で療治することになる。体も弱く、時々は夜尿もあった。このころのことと思われるが、どうしても祇園祭の山車《だし》が見たいとせがまれた真浄は、身体中に包帯を巻いた宗演を背負って、花園から四条まで歩いている。

そのころ本山に学林《がくりん》（僧侶の学問所）が立つことになり、万猷院《ばんゆういん》という寺が仮校舎となって、般若林《はんにゃりん》（花園大学、花園高等学校の前身）ができた。そこへ通って『孟子』の講釈などを聴き、また大龍院《だいりゅういん》に通って『碧巌録《へきがんろく》』の素読などを教えてもらう。十一歳の小坊主の日課は、三時の勤《ごん》行《ぎょう》と学林への通学、本師の三度の食膳の給侍、毎晩の肩たたきくらいであった。しかし宗演には楽しみがあった。月に一度か二度、本師の供をして北野天満宮へ参詣することである。東寺の弘法大師へ参ることもある。また清水の観音様へ礼拝にいくと、その帰り道に誓願寺あたりの見世物をひやかし、信者の家に寄って手厚い供養を受ける。京都の町の賑わいに、宗演は心が昂ぶる。郷里の高浜とは町の彩りが違う。華やかさに目を見張りながら、侍者と一緒に本師の後ろを歩く宗演が見えてくる。雛僧時代は和尚の供をすることで、お経はもちろん、法話や和尚の一挙手一投足に触れることができ、やがて薫陶《くんとう》されていくという。こうして出家一年はすぎたのだった。

明治六（一八七三）年、越渓《えっけい》の命で宗演は、建仁寺の塔頭《たっちゅう》両足院《りょうそくいん》の千葉俊崖《しゅんがい》のもとで学ぶことになる。群玉林と名づけられたその塾では、二十余人が学んでいたのだが、ここでは朝夕の托鉢《たくはつ》、作務《さむ》、米搗《こめつ》き、清掃、洗濯と修行は続く。なかでも杵を踏んで米を搗く作業は、痩せて小柄な宗演には力が足りず、石を添えて力を補い、どうやら務めることができた。十三歳の宗演はそれなりの辛苦をなめるのである。それでも越渓はいう。

「艱難汝《かんなんなんじ》を玉《ぎょく》と為す、豈屈《あにくっ》するに足《た》らんや」。

人は多くの艱難を乗り越えて、立派な人物になるのだ。くじけるほどのことではない。越渓の言葉に、宗演は歯を喰いしばる。

このとき兄弟子だった竹田黙雷は、宗演の没後、「忘れもせぬ宗演さんが十二三歳で、未だ毛小僧の時に、妙心寺の越渓和尚の処へ、遣つて来た彼《か》の時のことを考へると、面白くもあり、今日と為つては何も彼も涙の種じや。毛小僧の時に苛めたのは、相済まんこつちやと、其後も宗演さんの出世する度に思つたことじや。……後俊崖和尚が逝きてから、当時高台寺に居られた友雲和尚の高兄に就いて参禅したが、衲《のう》が察するには、宗演さんの見性《けんしょう》したのは其頃だつたと思ふ」と回想している。見性とは「自己の本性に透徹すること」だという。「見性した」という体験は、宗演にとっても、誰にとっても格別なものに違いないだろうが、言葉をもってそれに接近することはできない。あえていうなら、それがいかなるもので、どれほど深いものだったかは、その後の生き方において示されるものではないか。つまり、宗演の人生が語ってくれるはずである。

黙雷は「毛小僧の時に苛めた」と回想しているが、宗演には苛められたという思いはなかったようだ。苦しい修行の中でも、引き立ててくれたと記憶している。こうして修行しながら宗演は、雲衲《うんのう》の中でも上位につくようになる。盛夏のころなど、午後の講座になると雲衲たちは居眠りをする。これを覚醒させるために上位の二、三人が替わるがわる警策《けいさく》をふりまわすのである。黙雷と宗演が当番のときは他の巡警と違って、あちこちで痛棒の音が聞こえる。少しの居眠りも許さないのだ。

「そんなにバンバンと猛烈に打たずとも、外に何んとか覚醒する方法があろうぞ」。見かねた俊崖が注意するほどだった。黙雷も宗演も雲衲の中の豪毅だった。

二年経ったとき、俊崖が遷化した。一同は四十九日の門外禁足である。その冬、追悼接心《せっしん》をすることになって鰲巓道契《ごうてんどうけい》を請じて師家《しけ》と仰ぎ、接心にとりかかった。接心とは、禅宗においてはある期間、昼夜を坐わり通す修行を指すが、宗演はこのとき、一夜ほどを開山塔《かいさんとう》（開山の僧の遺骨を収めた石塔）の、菩提樹の下で昼夜不断に坐禅をする。粉雪が舞う。北風が吹きすさぶ。うずくまるように坐禅をする。このとき黙雷が宗演を大いに励ましてくれた。この励ましは嬉しかった。師となる者はそれぞれに、大きな懐をもつものだと知ったのはこのときである。黙雷は俊崖が遷化したのち、肥前、久留米で修行し、建仁寺派の管長になっている。

宗演は建仁寺で三年の修行をしたが、明治九（一八七六）年一月、妙心寺へ帰った。翌二月、母安子が亡くなる。母とは出家してから一度も会うことはなかっただろう。病身のゆえに、ずいぶん厄介をかけた母であった。宗演は京都から高浜へ帰る。親戚や知人に見守られて、霊前に詠《えい》歌《か》を諷詠《ふうえい》した。十六歳の宗演の詠歌は哀切で、その悲調はのちのちまで語られた。

妙心寺へ帰ったのち、越渓のもとで三カ月をすごす。越渓をはじめとして、俊崖などの教えをうけるうち、宗演はそれぞれの師家から学ぶことのいかに多かったかを知ったと思われる。越渓の許しを得て、道友である奥州の素晋と二人で、伊予の八幡浜大法寺《だいほうじ》の西山禾山《かさん》の門を叩くことになった。越渓は快く送りだしてくれた。

大法門庭苔色滑　　大法の門庭、苔色《たいしょく》滑らかなり
脚頭勿作戯場看　　脚頭、戯場《ぎじょう》の看を作《な》すこと勿《な》かれ

ところが、大法寺には八百軒の檀家があり、毎日が法事や葬式ばかりなのだ。明けても暮れても斎喰《ときぐ》い（仏家における食事）坊主である。これにはさすがの宗演も根気が尽きてしまった。禾山

は慈悲深い人だったが、宗演と素晋の二人は十日あまりで空しく妙心寺へ帰ってきたのである。空しくというより、逃げ帰ったという方があたっていそうだ。

十六歳になった宗演は、自ら望んで修行の場を求めている。越渓の許しを得ると、大津市の三井寺に往く。三井寺は天台寺門宗の総本山である。臨済の宗演が、なぜ天台の三井寺なのか。決して臨済に迷いを感じたのではない。日本の古高僧である浄土宗の源空《げんくう》、禅宗の栄西《えいさい》、浄土真宗の親鸞、日蓮宗の日蓮が、いずれもはじめは天台に学んでから別に一宗を立てている。彼らにとって天台とは何だったのか。なぜ、彼らは天台に留まらなかったのか。なぜ、仏教に失望して捨てることはなかったのか。

ことに親鸞は、八歳で出家し、二十年を比叡山で修行している。その間、親鸞は天台教義を学び、密教の行も学んでいる。そうして比叡山の学僧として名を成した親鸞が、「難行は不可能であるということを知って、易行《いぎょう》である浄土念仏の大道に赴こうと法然に会い、たちどころに法然仏教の主旨を会得した」というのだ。この説を鵜呑みにする者は少ないだろうが、ことは親鸞だけではない。源空、栄西にも、それと似た痕跡のようなものがある。宗演は、天台に身を置くことで、その疑問を探ろうとしたのではなかったか。ともあれ、このころからより広い視野で仏教をとらえはじめたのは間違いないだろう。

宗演は、天台宗の総本山三井寺の律院、池上の法明院の桜井敬徳律師の保護を受け、別室時雨《しぐれ》亭《てい》という四畳半ほどの庵室を借りた。桜井敬徳律師といえば、アーネスト・フェノロサがこの師のもとで受戒し、その墓もここにある。時雨亭は、フェノロサが岡倉天心と共にたびたび宿泊した茶室だという。ちょうどこのころ真浄は、臨済宗大徳寺派の寺院、土山永雲寺《えいうんじ》の時の住職の懇《こん》望《もう》で、大津師範学校に在学中であった。地の利もある。宗演は真浄を訪ね、また真浄も時雨亭にやってくる。真浄は師範学校の卒業試験を終え、二等准訓導《じゅんくんどう》（一部教科に関する教員免許状を有する者）の辞令を受け、永雲寺の住職と小学校の教員を兼ねるようになる。それだけ永雲寺の財政は苦しかったようだ。しかし真浄は教員の報酬の中から、宗演が三井寺の大教院へ通う学資を払ってくれるのである。

宗演は大教院に通って中川大宝律師の倶舎論《くしゃろん》を聴く。桜井敬徳律師と中川大宝律師は共に天台の高僧であったが、日本仏教中の有数の大徳でもあった。宗演は、「昼は三井に通い、夜は窓前に灯を点して孜々《しし》として勤学に余念なかった。食に副なく衣に余なく、形影相憐むような有様であった」としながらも、自筆で『阿毘達磨《あびだつま》　倶舎論聞書』四冊を残している。三井寺に通ったのはおよそ半年、敬徳律師には折々に天台に改宗するよう勧められたが、宗演には天台の有難味がもう一つわからない、まして自分の気質は天台の公家風には合わないと思った。一時の恩義をもって改宗することはないという強い意志ももちあわせていた。詰まるところ、天台の教義は心に響かなかったのだ。親鸞らが天台を出た真実はわからず、説明できるところはなくとも、納得するものはあったに違いない。

「何の深い考えもな」かった出家であり、負けず嫌いで乗り切ってきた修行だが、臨済に対して、すなわち禅宗に対して、めざすところを確信したのはこのころではなかったか。この半年の天台体験は、のちの慶應義塾入塾、セイロン遊学に比べたら小さな体験だが、何事かを身をもって知る第一歩になったのだ。時雨亭に訪ねてきた真浄と一緒に永雲寺に帰り、宗演はそこで一カ月ほどをすごしている。

明けて明治十（一八七七）年の春、越渓の命を受けて備前の、中国地方有数の大寺である臨済宗曹源寺《そうげんじ》へいく。特賜《とくし》仏国興盛禅師、儀山善来《ぎさんぜんらい》の髄侍（侍者）を務めるためである。葬式や法事ばかりの大法寺からは十日ほどで帰ってくるし、あまつさえ天台の三井寺にいった宗演を、越渓は自身の師である儀山のもとへ送りだしたのである。儀山に服事することおよそ一年、儀山は小僧にも時々入室《にっしつ》（参禅。指導を仰ぐために師家の室に入ること）を許し、提唱（講座）をおしまない「大慈大悲」の人であったと、宗演は『衣のほころび』に書いている。

この一年の間に越渓が山陰道の但馬国からの帰路、儀山を訪ねたことがあった。儀山と越渓はともに若狭の出であり、子供のころの交流もあり、師家《しけ》と法嗣《はっす》（師法の継承者）という深い関わりもある。その儀山と越渓の間柄は特別の慈愛に満ちていて、心も許しあえる親密さがあった。若いころ、素人相撲で勝ったとか、うどんを何杯食べて健啖振りをまわりに示したとか、馬鹿げた話もある。その気やすさからか、儀山が越渓に向かっていった。

「和尚の小僧はコビテコビテあの体格を見なさい。まるで痩犬の出来ぞこないみたいで、時々入室などに出て来るが、長命は覚束ないぞえ」。

儀山は相手が越渓なので気を許していたのだろうが、宗演は障子越しにこれを洩れ聞いて冷汗を滴《しぼ》った。コビテコビテは、チビでチビでの意味だろう。「痩せ犬の出来ぞこない」、「長命は覚束ないぞえ」、底意地の悪いこの言葉を、ただ黙って耐えるしかなかった。宗演は十七歳になっていた。この言葉はいくつになっても忘れることができず、思いだすたび悲しさと悔しさに鳥肌が立つと宗演は記す。

明くる年の春、臨済宗妙心寺二世、円鑑国師の没後五百年に相当するので、妙心寺では二十一座の大会《だいえ》がある。発起は天授僧堂と本山なので、宗演は一時、天授院へ帰還することになった。ところが京都に帰りついた途端のことであった。越渓に宛てて、「ゼンジキトクスグコイ」の急電が届いた。越渓が旅装を着けるのを待って、侍者と宗演は七条の停車場に急ぐ。停車場では「師資一言の対話もなく、只目と目と相見て愁いを含むのみであった」と宗演はこのときの切迫感を伝えている。汽車で七条を発つが、火輪は遅い。汽船は大阪の川口から摂津、播磨の海をすぎる。二日ほどかかって備前の牛窓《うしまど》に着くと、人力を走らせる。やっとの思いで儀山の牧雲庵の門に着くと、涙を流した暘谷《ようこく》（儀山の法嗣で、のちの曹源寺住職）が履物もさかしまにして走りでてきたのである。

越渓がいう。「遅かったか」。

暘谷がいう。「禅師は、久しく待った」。

越渓と共にその枕頭にいくと、儀山はまだ少し体温を残し、生前の名残をとどめているのだった。

四十歳のころに書きはじめた自伝『衣のほころび』はここで終わっている。このあとが書かれることはなかった。儀山の遷化で、宗演の曹源寺修行も終わったのである。

明治十一（一八七八）年の秋、十八歳となった宗演は鎌倉の円覚僧堂の今北洪川《いまきたこうせん》に参ずる。いよいよ円覚僧堂時代のはじまりである。円覚寺は山号を瑞鹿山《ずいろくさん》、寺号は正しくは円覚興聖禅寺《えんがくこうしょうぜんじ》である。開山は無学祖元《むがくそげん》、開基は北条時宗で、弘安五（一二八二）年十二月に開堂された。時宗が、蒙古襲来で命を落とした人々の追善のために建立したものだ。境内には仏殿、書院、僧堂などがあり、正続院《しょうぞくいん》、仏日庵《ぶつにちあん》、続燈庵《ぞくとうあん》、済蔭庵《さいいんあん》、帰源院《きげんいん》などの塔頭《たっちゅう》がある。円覚寺は臨済宗円覚寺派の大本山で、室町時代には鎌倉五山の第二位に位置づけられた寺である。

宗演の師となった今北洪川は儒家の出身で、洪川自身もはじめは儒者であった。父親は儒学者で、洪川は幼いころから父親に漢文の手ほどきを受けている。天保五（一八三四）年、洪川は十九歳で大坂の中之州（現・中之島）に儒教の私塾を開き、漢籍を講じていたが、膨大な漢籍を読むうちに仏教に惹かれ、『禅門宝訓《ぜんもんほうくん》』という中国の優れた禅僧たちの逸話を集めた本を読み、出家の志をもつにいたった。親の勧めで結婚はしていたが、この妻に離縁状を渡すと二十五歳で出家を果たす。
京都相国寺《しょうこくじ》僧堂の大拙承演《だいせつしょうえん》について得度したが、師の指示により備前、曹源寺の儀山善来《ぎさんぜんらい》に参じて印可を受けたのちもいくつかの寺で修行するうち、明治八（一八七五）年に東京の臨済宗十《じゅう》山総黌《さんそうこう》大教師に選任されて上京することになる。臨済宗の十の本山が合同で、僧侶の教育のためにつくった学校だった。しかしこの学校は二年で終わってしまう。この年、洪川は円覚寺の住持職にも任命されたが、六十歳をすぎていた。明治五年に一宗一管長制が敷かれていることもあり、洪川は円覚寺派初代管長といわれるようになる。

明治十三（一八八〇）年の春、洪川は塔頭続燈庵住職の小川棠谿《とうけい》と済蔭庵《さいいんあん》住職の木村潤石を一室に呼んだ。

「わしもこの山へきてから大分経つが、継承者をつくらねば第一開祖に対して申し訳ない。時に今わしのもとに越渓の弟子で宗演といふ俊発な奴がいるが、なかなか修行も進んでいる様だし、必ず役立つ者になるとわしは確信するが、どうじゃ、一つ彼を貰うべく、京都の越渓に話してはくれまいか」。

越渓が宗演を手離すとは思えないが、洪川はどうしても宗演を門下におきたかった。

「しかし貴方が彼を貰ったとて今置く所が無いでしょう。……まあそれよりも先ず……越渓老師のお気持ちを、まわりのどなたかに伺ってみた方がいいのでは」。

二人は越渓のもとにいた鈴木天敬にその周旋を頼んだ。すると、越渓からはすぐに許可が出た。ちょうどそのとき、塔頭仏日庵が無住だったので、そこへ宗演を入れることになった。仏日庵は、円覚寺の開基、北条時宗の墓堂となった所である。時宗は弘安七（一二八四）年四月四日に三十四歳で出家したが、その日に没していた。

円覚寺での修行の一つに、月に四、五回、鎌倉から横浜までの日帰りの托鉢がある。このときには洪川のもとで居士《こじ》（僧籍を得ずに在家のまま仏門に入る者）となった横浜の新堀源兵衛の家に立ち寄り、休憩すると決まっていた。冬はまだ暗いうちに鎌倉を発ち、新堀家に着くころにようやく明けそめる。素足に草履で雪を踏むときもあった。托鉢の一行は、新堀家の大庭の隅で冷たい麦の握り飯をかじるのである。さすがに歯にしみるので、茶碗を借りて湯をかけて食べることもあった。見かねた家の者が温かい白飯を出してくれても、もったいないとけっして手をつけず、持参した麦飯を食べた。せいぜい大庭の竈《かまど》に火を焚いてもらって寒さをしのぐだけである。宗演は「親元へきたようだ」と遠慮なく火に尻を向けた。ときどきは灰色がかった褌が見えるほど、尻を温めた。

洪川は宗演に、さらに厳しい修行をさせた。宗演は円覚僧堂時代の手記を残していないが、明治十三年八月十日の、当時、長崎の春徳寺住職となっていた竹田黙雷に宛てた書簡で、洪川の厳しさと、そのもとでの修行の苦しさを書き送っている。「熱喝怒雷の如く瞋拳雨点に似たり。幾度風を望んで退迭《たいてつ》、又或は強いて精彩を着けて進前、血の涙玉の汗、身を碁石に摺《す》る将《はた》幾回ぞ」と、宗演でさえ根をあげそうな修行を課していたのである。このころの宗演はまだ、「鎌倉円覚寺僧堂寄留　西京花園天授院徒　釈宗演」である。

明治十五（一八八二）年、二十二歳の宗演はついに印可（弟子が悟りを得たことを証明許可する）を得た。印可の偈《げ》は次の通りである。

若《わか》の演禅士《えんぜんし》、力を参学に用いて久し、既に余が室内の大事を尽くす。乃《すなわ》ち一偈を投じて長《ちょう》時苦屈《じくくつ》の情を伸暢《しんちょう》す。老僧、祝着《しゅうちゃく》に勝《た》えず、其の韻を用いて、即ち証明の意を示す。

円覚　洪川

「若狭の宗演禅士は久しく参学に励んで、すでに我が門の修行を終えた。一偈をもって長年の苦修への思いを述べる。我は喜びに堪えず、その韻をもって証明の意を示す」というのだが、「長年の苦修への思いを述べ」た宗演の偈は残されていない。

洪川の最初の師である大拙承演も、嗣法の儀山善来も、兄弟子の越渓守謙も若狭の出だった。そして宗演もまた若狭の出である。洪川には「若の演禅師」というほど、若狭に親しみがあったのだろう。さらにこの年の暮れ、洪川はこう詠んだ。

天下無人宗旨前　　天下に人なし宗旨《そうし》の前

十年空此対雲烟
蒼龍今獲真龍子
快迎新歳好酣眠

十年空しく此に雲烟に対す
蒼龍、今、真の龍子を獲たり
快く新歳を迎えて好し酣眠《かんみん》するに

この洪川の歓びようはどうだろう。有頂天といってもいいではないか。ようやく頼もしい法嗣《はっす》を得た歓びにあふれている。禅の師家となった人には、嗣法《しほう》の者を錬成していく責任がある。こうして大法の命脈は繋がれていくのである。洪川は、宗演が法嗣となったことで、最大の責任を果たしたことになる。このときの洪川は六十八歳、宗演は二十三歳である。

年が明けて春、宗演は高浜の父の病気見舞いに帰省する。洪川は、旅立つ宗演に茶礼《されい》（茶の席）を設けて賞讃の偈を送った。

俊哉演子、汝は蒼龍門下、波に跳ぬる赤梢鯉なり、……北海おそらくは斯の大魚なからん……。

「秀でるかな宗演禅士は、我が蒼龍門下、波に跳ねる赤梢鯉である。いずれ北海の大魚になるであろう」とは、手放しの賞讃である。宗演を門下にした歓びと、寄せる期待のほどがうかがえる。しかし宗演はいまだ越渓の弟子であり、妙心寺派の僧であった。翌明治十六（一八八三）年の秋、宗演は、洪川の随侍《ずいじ》（侍者）となって京都妙心寺に越渓を訪ねた。宗演をもらい受けるときは、越渓下の天敬にその周旋を頼んだが、印可を授与した洪川は、自ら出向くのである。成長した宗演を見せたい気持ちもあったのだろう。これによって宗演は妙心寺派から円覚寺派へと転派した。京都から帰って十一月、立班式《りっぱんしき》があり、宗演は円覚の修行僧で第一の地位である首座となる。翌明治十七年六月には仏日庵の住職となり、九月には洪川より洪嶽《こうがく》の道号を授与される。洪川は手の中の玉のように宗演を慈しみ、その器量を愛したのである。

こうしてひと通りの修行を終えたのだが、どこで誰に習ったのか、宗演は酒の味を覚えていた。新堀源兵衛の息子の丑太郎は、明治二十年ごろと記憶しているが、そのころはすでに慶應義塾へ入っているので、もう少し早い時期ではなかったかと推測される。新堀は、宗演と共に洪川に参じていたが、あるとき二人で横浜から鎌倉へと向かい、戸塚辺りで昼になった。腹も空いてきたことから料理屋へ入ると、宗演は熱燗を注文する。昼飯をすませ、さて勘定となったが、どちらももちあわせがない。

「演さん、あなたが金ぐらいもっていると思ったのに」。

「いや、新堀さん、あなたが大抵金はもっていることと拙者は思っていた」。

思案にくれた新堀は、鎌倉の扇ケ谷にあった臨済宗建長寺派の海蔵寺へと走った。勘定をすませた二人はまた歩く。

「ところで新堀さん、金はどこで都合した」。

「海蔵寺の尼さんにお借りした」。

二人は大笑いで鎌倉へ急いだのである。そのころ、修行も進んでいるが酒も煙草もやるという雲衲《うんのう》がいて、宗演を誘って鎌倉の料亭へいくこともあった。宗演は新堀の財布をもってでていく。夜になって千鳥足で帰ってきた二人は、大気焔を上げる。

「新堀さん、今夜二人で使ったのは、全部で一円八十銭だよ」と新堀の懐へ財布をねじこむ。

「また頼むぜ」という具合で、こんなことはめずらしくもなかったようだ。洪川は、こんな宗演を知らなかっただろう。逞しく成長する中、わずかな隙間から水が漏れるように、厳しい修行の合間に脇見をすることもあったのだ。


明治十七（一八八四）年十月、越渓の病重篤との報せを受け、永田宝林寺住職となっていた真浄に同行して、五日、横浜から近江丸に乗り、六日の夜に神戸に着いた。翌朝、汽車で京都に向かい、ようやく越渓と相見することができた。病床の越渓は、十歳のときに高浜から連れてきた病弱な小坊主が、今や洪川のもとで印可を受け、円覚の首座となり、仏日庵の住職になった二十六歳の宗演を見つめる。宗演は枕の傍へ耳を寄せた。

「遠くからよくきた。これで会い仕舞いじゃ」。

越渓の最後の言葉を、宗演は全身で聞いた。

越渓は十月十三日、示寂《じじゃく》。宗演たちは津送《しんそう》（本葬）ののち、鎌倉に帰った。この越渓という人は、俗縁のある宗演に厳しかったが、一方で宗演の先をよく考えていた。宗演が望めば、天台の三井寺にもだしたのは、宗演を信頼していたからに違いない。修行の場を転々と変えさせたのも、手許に置くより、多くの師家のもとで修行した方が宗演のためになると考えたためだろう。そして最後には洪川に託している。

明治十八年三月、円覚寺開山六百年大遠諱《だいおんき》を洪川は厳修する。宗演は侍衣《じえ》として補佐する。門下となった宗演を恃《たの》みにする洪川の内心はさぞ平穏で、少々の得意もあっただろう。宗演が洪川の後継者であることは周知の事実である。だが、このとき洪川は間もなく宗演が飛びだしていくことなど、夢にも思っていない。

第二章　慶應義塾で洋学を学ぶ

――仏教の革新をめざして――

宗演が慶應義塾へ入塾する際に、円覚寺の塔頭続灯庵《ぞくとうあん》住職の小川棠谿に宛てた置手紙がある。明治十八（一八八五）年三月二十日付けである。ひと通り修行を終えたあと、俗界で学ぼうという宗演の、固い決意と昂《たか》ぶる思いを知るために重要なものである。

言語にてはとても尽くしかね候。よって略儀ながら筆頭を以て御願い申し上げ候。さて小生事一方ならざる御法愛を以て、今日まで無事火の番仕り候。然る処小生義、かねて申し上げ置き候如く、少々志願の条、多年胸間に掛在致し居り、時到らば果さんものと、朝夕看経にも念じ居り候処、今日にては大遠忌も円成仕り、老大師（蒼龍）も幸に御壮健なり、これ何よりの法幸。又近頃志願の条、鳥尾中将へ申し入れ候処、異義なく引き受け下され、今日は最早時節到来候事と存じ自分決心仕り候。就いては年来猊下《げいか》の御厚愛に相成り居り候て、今日突然出庵候事は、太《はなは》だ以て御意に叶わざる義かとも察せられ候えども、年来の志願何分にも抑止し難く、夫故《それゆえ》御存慮に戻り候廉《かど》も之れ有るべく候えども、夫処御賢察下され候て、暫時の日月御暇《おいとま》御願い申し度く候。猊下の御法愛は決して忘却仕らざり候。右に付き蒼龍窟へも内実御奏上致し、安心致させ置き候。其の外、世話人権兵衛、山崎へも右通じ置き候。其の外の世話人衆へは権兵衛殿より通し呉《く》れ候様、同人申し居り候間、只々当庵の計（ママ）済向き万端すべてよろしきよう猊下御取り計らい下され度く候。当庵も〆切に致しおき候ては、不本意に存じ候故、尾州の温禅人相頼み看護願い置き候。小僧周芳儀は不在中永田へ預け世話願い置き候。尤も小生游学中当庵の常住物は一切消費仕らざり候。此辺も左様御承知下さるべく候。勿論遠隔へ参り候訳に之れなく候えば、事故出来候節は直様《すぐさま》帰山仕るべく候。何分此上とも御見捨て之れ無く御法愛願い上げ奉り候。重々の御厄介も小生のためならず、東海老師への御報恩と思召下され御世話願い上げ候。小生志願成就の上は又々及ばずながら御随侍仕り候本念に御座候。右の情御洞察なし下され候て、万般宜敷願い上げ奉り候。

言語では尽くせないというこの長い書簡を要約すると、次のようになるだろうか。「何年も胸に志をもっており、時がきたら果たしたいと看経にも念じていたところ、ようやく大遠忌も無事に終えることができ、老大師もお元気であることは何より有難い事。志の件を鳥尾中将へ申し入れたところ、異議なく引き受けて下され、今や其の時が来たと決心した次第であります。突然庵を出ることはお気持ちに叶わないとわかっておりますが、年来の志願は抑えがたく、お察し頂き暫らくの間、お暇を頂きたくお願い申し上げます。これまでの御恩はけっして忘れることはありません。今回のことは蒼龍窟へも申し上げ、安心して頂いております」。

さらに宗演は仏日庵のこと、世話人のこと、小僧のことも手回しよく段取りしてあり、遠方へいくわけではないので、何かあれば直ぐに帰ってくるとあれば、棠谿は承諾するより仕方なかっただろう。何しろ本人はもういないのである。小僧は永田へあずけておくというのは、真浄の宝林寺である。

洪川から印可を授与され、首座となったことも一つの区切りと思えたのだろう。開山六百年大遠諱も、洪川の侍衣となって補佐し、無事に務め終えた。洪川も元気である。「年来の志願」を果たすのは今しかないと宗演は思ったのだ。この時がくるのを用意周到に準備して待っていた。しかし、宗演はこれほど長い手紙を書きながら、慶應義塾へ入塾する目的を明かしてはいない。「年来の志願」と、急に思いついたことではなく、永い間、考え続けていたことだと訴えている。目的は何だったのか。入塾を厳しく批判する洪川の書簡が残っているので、ここから推察してみよう。

……松本順の如き、洋学を以て発達せしも、彼れ洋学厳禁の時分に衆中に抽《ぬき》んで志を立て、命を的にして煆煉《かれん》せしが故也。福澤諭吉の如き、西洋人を夷狄禽視《いてききんし》する最中に洋行して、専ら外国の学派を見尽して、吾国文明の先導者となりし為め、今慶應義塾の盛大を致せし也。……今洋学の流行する時分の人情に雷同して、洋学に志すは是後天の遅八刻と謂ふべし……。たとひ和尚今、洋学を励精すとも、十分に学成る時分は、時流の学は衰替《すいたい》して、今時のごとく、賞翫《しょうがん》なき事必定なり、究竟《きゅうきょう》勝妙《しょうみょう》の学にあらざればなり、和尚もし丈夫の気概あって、先天の目を濶開《かっかい》せば、洋臭の後塵に立たず、志を改良して、純粋に漢学か教学かを深く修めば後来、我国比類なき宗師の英声、天下にとどろくに至るべし。其時必ず出藍《しゅつらん》の著述あるべし。先づ洋学は、究竟の学事にあらざる事を識得すべし……ただ、当節世間の時流で、もてはやす人情に付て廻るは、至て望の浅き事なり、熟考ありたし……和尚の将来を思ふの余り、婆心を吐露するかくのごとし……。

「松本順は洋学を学んで頭角を現したが、彼は洋学厳禁のときに一人抜け出して志をたて、命をかけて習得したからだ。福澤諭吉は西洋人を蛮族視する時期に洋行して、もっぱら外国の学問を見てまわり、わが国文明の先導者となったため慶應義塾がもてはやされているのだ。今、洋学が流行しているからと、世間の説に同調して洋学を志したのは間違いと、あとになってわかることだ。たとえ今、洋学を学んでも、自分のものとしたときには流行の学問は衰退し、今のように珍重されることはない。それはすぐれた学問ではないからだ。それより、漢学か教学を深く学んだ方が将来必ず名を上げる。世間の流行に惑わされるな、よく考えてみよ」と、怒り、諭し、嘆いている。

さすがに洪川は時流をよく見ている。松本順は、長崎で新しい医学を学んだ医師である。西洋医学所の頭取となりその名を馳《は》せていた。福澤諭吉は、万延元（一八六〇）年の遣米使節に軍艦奉行の従者として渡米して見聞を広めた。さらに文久二（一八六二）年には幕府の遣欧使節の随員となってヨーロッパ諸国を視察し、『西洋事情』を出版、明治元（一八六八）年には英学塾を慶應義塾と名づけ、近代私学として発足させた。身分を問わず、志ある者に門戸を開いて教育を施したのである。『時事新報』の創刊者であり、『学問のすゝめ』等の著書もあり、「国家独立、独立自尊、自由……」などの理念を立てる言論人であり、啓蒙思想家また教育者だった。洋学を学んで時代の先端を走る彼らを、洪川は苦々しい思いで見ていた。

さらに洪川は、「汝わが禅の見性向上《けんしょうこうじょう》学を欲せば、先づ日本語に通じ、その上漢字を一通り学び来れ」、「外国の語を学び通じて、外人を接せんと欲するは、鄙見識《ひけんしき》と存ず」という。外国人が禅を学びたければ、日本語と漢字を学んでから来るべきだ。外国語を学んで外人を導こうとは無智な見識であると、洪川は真っ向から反対する。

この洪川の書簡から推し量れる宗演の志は次のようになるだろうと、思想家の芳賀幸四郎は推察している。「西洋の科学、哲学の教養を身につけ、仏教を古い因襲や迷信から解放し、その真精神を、近代に即応した形で説こう。また外国語に習熟し、その語学の力を活用して外国人を接化し、大乗仏教や、禅宗の語録などを翻訳刊行し、仏教とりわけ禅を世界に宣布しょう」と。そのために宗演は西洋の科学、哲学の教養と、語学が必要と考えたのだ。

慶応四（一八六八）年正月、「王政復古の大号令」によって明治政府が成立した。その中に「諸事神武創業ノ始ニ」と示されているのは、神武天皇が日本の国を造ったところに立ちかえり、神道を中心とした国家を形成していこうというものだった。同年三月二十八日、神社に対し、政府は神仏分離令を発令した。古代以来の神仏習合の伝統を取りやめるのである。地方によっては住民が檀徒であり、氏子であるというように、神仏習合は民衆の生活になじんだ思想だった。しかし明治政府は神仏を分離したのである。神道を国教として民衆を教化する大教宣布《だいきょうせんぷ》運動の方針も採用された。政府はキリスト教が国内に広がることを防ぎ、仏教教団を排斥しながら、祭祀《さいし》・政治・宗教の一致をめざす神教教化政策を展開した。各地で廃仏毀釈がはじまった。一部の地域では、宗派ごとの廃寺・合寺が強行される。還俗する僧侶も少なくない。

廃仏毀釈を受けて、仏教の復興をめざす新仏教運動がおきた。真言宗の釈雲照《しゃくうんしょう》らの戒律運動である。仏教界への信頼が揺らいでいくときに、釈雲照は自戒精神を強調した。他にも精神主義運動、無我愛運動、求道運動、在家仏教運動など、多くの新仏教運動が展開したのだ。宗演が出家したのは、こうして仏教界が大打撃を受けているときだったのである。

明治四（一八七一）年には寺領は没収され、寺檀《じだん》制度は廃止になった。もともと寺檀制度は、徳川幕府がキリシタン禁制のために寺に宗旨人別帳をつくらせ、戸籍を扱わせて、住職に檀徒の全員が仏教徒であることを証明させるものだった。幕藩体制下における人民管理である。これにともなって寺社には、幕府や諸藩からの寄進や特権が与えられ、経済的、社会的に強固な基盤ができていた。戸籍を役場で扱うようになれば、この寺檀制度は無用ということになる。翌五年には肉食妻帯畜髪《にくじきさいたいちくはつ》等勝手たるべし事（僧侶の肉食や妻帯の許可）との太政官布告がだされる。これまでの僧侶の身分も無効になった。つまり「俗人」化である。

　しかし政府の神道国教化政策はうまくいかなかった。そこで政府は、神仏合同教化政策へと転換する。明治五年四月、教導職が定められ、神官と僧侶が合同で大教宣布の教化を担う。しかし、その教化内容が三条の教則（敬神愛国《けいしんあいこく》、天理《てんり》人道《じんどう》、皇上奉戴《こうじょうほうたい》・朝旨遵守《ちょうしじゅんしゅ》）として規定されたため、仏教の教えを説くことは制限された。これでは仏教寺院の存在理由は無いに等しい。また国民教化をより具体的に行うために、教導職の統括機関である大教院が設置された。

　当時、西本願寺から派遣され、欧州先進国を視察していた島地《しまじ》黙雷《もくらい》はこれを知り、外遊先から三条の教則を非難し、政教分離と信教の自由を強調する。そこには大教院分離の説も含まれていた。

　明治政府がいかに仏教教団を排斥し、抑圧しても、国民の宗教はやはり仏教だった。奈良時代に端を発した仏教の導入は、平安時代には民族の信仰といえるものに育ってきていた。さらに鎌倉仏教の隆盛と共に、創始された諸宗派は民衆の心と社会に浸透していた。各宗代表が政府に嘆願し運動することで、ようやく仏教は復旧するが、廃仏毀釈の波を受けて寺院も僧侶も減少し、寺領の没収、寺檀制度の廃止、僧侶の身分の無効などで、寺院は無力なものになっていた。明治八（一八七五）年、ついに浄土真宗が大教院から脱退した。これによって大教院は解散するが、このときまでに仏教界が負った傷手は大きなものだった。

信教の自由を奪取した仏教界は、まず仏教の学的研究をめざした。西洋文化の影響をうかがわせ、普遍性をもつ学的な研究である。たとえば真宗大谷派は欧州視察から帰朝した現如《げんにょ》上人（大谷光瑩《おおたにこうえい》）の企図によって、京都に教師養成施設である教師教校と、育英教校を設立した。育英教校は国際的視野にたって、大谷派の俊秀を養成する学校だった。仏教学、真宗学を仏教内部の学問とし、外部の学問としては、国学、漢学、英学（英語学）、仏学（フランス語学）、インド学、数学、政法学（政治・法律）、理学（物理・化学）、及び宗教学が掲げられていた。宗教学は耶蘇教大意、アメリカ新教大意、古エジプト教大意、コーラン経大意など、世界の東西にわたる古代・現代の宗教を網羅することがめざされていた。養成期間としては二十年という期限がつけられていたが、ここからはいかに世界に通用する僧侶の育成を急いでいたかを知ることができる。

一方で大谷派の南条文雄《なんじょうぶんゆう》は明治九年に留学生として渡英し、梵語の研究のために、宗教学の祖とされるオックスフォード大学のマックス・ミューラーに師事した。他にも、本願寺派からは高楠順次郎《たかくすじゅんじろう》、浄土宗からは渡辺海旭《わたなべかいきょく》が留学し、西欧の仏教研究をもち帰ったのである。

宗演が禅の修行をひと通り終えたころには、廃仏毀釈の嵐はすでに鎮まっていたが、欧化主義の風潮がみなぎり、主として知識階級へのキリスト教の浸透によって、仏教は新たな危機を迎えていた。大教院が解散した後も存続していた教導職が、各宗教導職管長一名をおくことで廃止となったのは明治十七（一八八四）年であった。各宗はようやく独立して一宗を支配できるようになったのだ。宗演が印可を受けて間もないころだ。それまで仏教界の苦難を見てきた宗演は、いよいよ仏教の革新をめざすのである。仏教教団に限らず、西洋文化を取り入れるのは一般的な風潮だったが、宗演もまた、洋学と英語を学ぶことで、仏教がキリスト教に対抗する力をつけなければならないと考えた。仏教の革新とキリスト教への対抗、宗演は円覚寺を飛びだした。

慶應義塾への入塾を思いたったとき、すでに宗演は福澤諭吉の著書にも触れていたに違いない。福澤は自身を「無信仰」としていたが、明治八年に刊行した『文明論之概略』の中では、「宗教は文明進歩の度に従て其趣を変ずるものなり」と主張していた。福澤のこの考えも宗演の心に響いただろう。近代に即応した仏教が必要なのだ。

宗演が考える仏教の革新とは、江戸時代から続く葬儀・法事の葬式仏教的な色合いから脱することだった。僧侶と葬儀の縁は切ることはできないが、僧侶の第一の使命は死者の弔葬より、生きた人間を救うことだという信念を、宗演はもっていた。そのためには、「西洋の科学、哲学の教養を身につけ、仏教を古い因襲や迷信から解放し、その真精神を、近代に即応した形で説」かなければならない。いわば、仏教は社会的に存在感を増し、時の権力とも伴走せざるをえない中で、それまでまとってきた衣装を脱ぎ捨てることを願ったのではなかったか。要すれば宗演は原点に立ちかえろうとしていた。宗演が八幡浜大法寺で修行していたとき、明けても暮れても葬式や法事ばかりに辟易して、十日あまりで帰ってきたことが思いだされるではないか。

十九歳で大阪の中之州に儒教の私塾を開き、漢籍を講じていたという洪川は、いわば良家の出であった。江戸時代に私塾に通ってくる生徒は大名の子弟である。そして住持職に就いた円覚寺といえば、開基は北条時宗であり、北条家が滅びたあとは足利家の菩提寺になるという由緒ある大寺である。支配者層の寺であって格も高く、それを洪川も誇りとしていたのではなかったか。外国人が「禅の見性向上学を欲せば」、日本語と漢字を学んでからくるべきという考えは、今流にいえば上から目線といえる。洪川には、仏教排斥の混乱から円覚寺を守ったという矜持もあって、仏教の危機感も薄いものであった。しかし宗演にしてみれば、外国人を禅の要諦へと導くことはもちろんだが、世界布教を視野に入れれば語学は必須であり、西洋の科学も哲学も学ばねばならないものなのだ。洪川の見識は、宗演からすれば時代遅れのものと映ったであろう。今度ばかりは洪川の厳しい批判にも屈することはできない。宗演は、慶應義塾という洋学と英語を学ぶ場所に、身を置かねばならなかったのだ。

そしてもう一つ、宗演は制度化された学校という教育の場に憧憬を抱いたと推測される。宗演は一般の学校で学んだことがない。新政府が国家の方針として国民の教育を取り上げたのは明治五（一八七二）年だった。小学校教育に力を注ぐことと、教育者を養成する師範学校を設けることを急務の課題とした。このときの学制発布によって、民衆の最低限必要な生活知識としての「文字」と「計算」の習得に重きを置いた寺子屋教育など、江戸期から続いた民間の教育機関が廃止された。しかし当時は財政的基礎も固まっていなかったため、初等教育は寺院や民家の一部を借りて授業を行うにすぎず、高浜でも妙光寺に収美本校を置き、宗演が寺子屋として通った長福寺に磨鍼支校を置いている。だが、すべての子供が小学校へ通ったわけではない。男子でさえ、一部の者だった。女子においてはほとんどが通っていない。学制が発布されても、それを理解し、また経済的にそれを許すことができた親は少なかった。高浜にできた小学校は、のちに雪浜小学校、高浜小学校と改称されるのだが、明治三（一八七〇）年に出家して高浜を出た宗演がこの小学校へ通うことはなかった。だからといって教育を受けていないのではない。自伝『衣のほころび』によると、般若林の校長兼教師が美濃の石磵《せっかん》和尚だったというから、僧侶養成の学校とはいうものの、普通学も授ける小学校ではなかったか。宗演は一般の子供のことは何も記していないが、まわりにいたのは雛僧《すうそう》と呼ばれる子供ばかりだったであろう。

学制が発布されたことと、その意味はわからなくても、やがて京都の町に学校が建設され、通う子供を見かけるようになれば、その存在が腑に落ちてこよう。自分が通えない学校は、いったい何を教えてくれるところなのか。彼我の習得する学問の相違もおぼろげに見えてきたであろう。

明治十（一八七七）年には東京大学が創設される。文学部に史学・哲学及び政治学科と和漢文学科が置かれ、仏書講読は和漢文学科で講じられた。さらに明治十四（一八八一）年の改組によって哲学科に印度哲学と支那哲学が加えられ、以後仏教は印度哲学の名前で講じられることになる。翌年には哲学科が西洋哲学と東洋哲学とに分かれるのだが、宗演がこうした情報と疎遠であったとは思えない。志があれば、学問を選ぶ道は開かれている。宗演には、新しい学問からの知の吸収に渇くところがあったのだろう。

ちなみに宗演自筆の、三井寺の大教院でなした著述、『阿毘達磨倶舎論聞書』四冊は「十八、九の沙弥小僧ながら、現今では大学で学習する倶舎論を微細に学修」したものであるという。これも宗演の旺盛な向学心と知識欲を示すものに違いない。晩学の者に開かれた慶應義塾の別科は、宗演には魅力に輝く存在だったのだ。

宗門の子弟たちが大学で仏教を学ぶようになるのは、大学制度の確立と共に宗門系の大学が制度化されてからである。それには大正七（一九一八）年の大学令を待たなければならない。龍谷大学、大谷大学、立正大学、駒沢大学などが専門学校から大学に昇格し、宗門系大学での修学体制が整うのである。しかしそれは、まだ遠い先のことだった。

そして、決定的な報せが洪川のもとに届く。陸軍中将鳥尾《とりお》得庵《とくあん》（小弥太）が入塾に賛成し、学資まで援助するという。鳥尾は禅学を修め、茶道を究めた居士《こじ》である。在家の仏教者として大きな力をもち、洪川も信頼を寄せる鳥尾居士を、宗演は味方につけていた。「『御申越しの御宿望の儀、小生もはなはだ賛成』だから『一ヶ月五円援助しよう、その上不足の分は追って相談に乗らう、大願成就を祈る』」というものであった。洪川もこれには愕然としたであろう。宗演はなかなかの戦略家なのである。万が一、洪川から破門をいい渡されるようなことになっては元も子もない。ついに入塾を認めた洪川は、鳥尾に宛てて書簡を送る。その一部にはこうある。

洪嶽発願の一事、老衲《ろうのう》、太《はなは》だ殊なるを覚ゆ。過日、居士、賛成の書を贈り、殊に学資を恵むの芳意を報ず。何の謝恩か之れに如かん、蓋《けだ》し志しは発し易くして続け難し、情は蕩《みだ》し易くして制し難し、況乎《いわんや》壮生の歴《ふ》る所、世波の汨《みだ》す所、正導する者寡《すく》なく、邪誘する者多しをや。……渠《かれ》在校中、居士、幸いに為に時々提誨鑒督《ていかいかんとく》し、以て其の志しの遠なる者、大なる者を成さしめよ……。

（宗演の志願は、わしにははなはだ不安がある。居士にあっては先日、宗演の慶應義塾入塾に賛成し、学資まで援助するとは何の謝恩だろうか。志すのは簡単だが、続けるのは難しい。感情はわきやすく抑え難い。まして俗世間には正しく導いてくれる者は少なく、誘惑する者は多いのに。彼の在校中、時々は教導監督し、志を成さしめよ……）。

わざわざ鳥尾にいうことでもなかろうが、洪川は多少の怨みをこめていわずにいられない。本当は、俗界にいけば誘惑が多いことを案じているのである。問題はここにあっただろう。宗演に送った内容とは異なって、切実な心情がうかがえる。居ても立ってもいられない、洪川の辛さが伝わってくるのである。洪川には同時期に、「論行持送洪嶽立僧遊欧洲語学校卮言《こうがくりっそうしげん》」という宗演の入塾に関するとりとめのない気持ちを綴ったものがある。「汝、予が室に入って大事了畢《だいじりょうひつ》（禅の修行をひと通り終えること）したのは大丈夫の事業であった。これからの後半生の前途の行路難《かたし》を想うべきだ、油断して蹉過《さっか》喫顛《きってん》したら、わしは何の面目あって円覚住山といえようか……」（私の門下に入り、悟りを求めて修行に専念したのは立派なことであった。しかしこれから先の多難がわからないのだろうか。油断して、俗界で万が一躓くことになっては、わしの面目は丸つぶれである）。

宗演には志を厳しく批判し、鳥尾には監督を依頼したが、洪川の気持ちのゆきつくところはこしかない。修行を終えた宗演が躓いたら、越渓《えっけい》にも申し訳がたたない。円覚の者たちも、洪川がどれだけ目をかけて宗演を教導したかを知っている。とにかく、無事に卒業し帰還させなければならない。

明治十八（一八八五）年九月、宗演はついに東京三田の慶應義塾へ入塾した。福澤諭吉は宗演をひと目みるなり、「此小僧、他日必ず一山の管主であらう」といったという。入塾してひと月後の十月九日付けで宗演は、妙心寺僧堂にあって修行中の長谷川恵徳宛ての書簡にこう記している。上京のついでに慶應義塾を訪れた恵徳であったが、宗演が留守にしていたため、この書簡をしたためた。慶應義塾での講義の感想である。

理哲二学の前虎、耶蘇基督の後狼と、同時に入り来りて、各々爪を磨し牙を露す。耶蘇の如き宗意の優劣は且く措く。彼元より世財を自在に運転し、学術を妙に利用す。此二点は杳《はるか》に内教者の彼に如《し》かざる処なり。現に本塾の雇《やとい》教師キッチンと云ひロイドと云ひ、皆是《みなこれ》外教宣教師にして、而して文明国と称する英米の、大学を卒業したる儼然《げんぜん》たる一大博士なり。其れ如是《かくのごとき》宗旨と学術と兼備へて、遠く東洋の一隅に来り、学術を売るの旁《かたわ》ら、宗旨を冥々裡《めいめいり》に播布《はんぷ》する、其手段の巧者なる胆力の傍若《ぼうじゃく》なる、吾輩の実に憤怒する縁由なり。

（表向きは科学・哲学の教師で、実はキリスト教の宣教師が爪を磨いて牙を現した。今、キリスト教の宗意の優劣はしばらくおく。彼は世財を自由に使い、学術を上手く利用している。この二点は仏教者にはできないことだ。雇い教師のキッチンもロイドもキリスト教の宣教師で、文明国と称する英米の大学を卒業した立派な博士である。それが宗旨と学術とを兼ね備えて、遠い東洋の片隅にきて、学術を売りながらその陰で宗旨を広げている。その手段の巧みで大胆で勝手なやり口に、吾輩は憤っている）。

宗演は、教師が学術の名においてキリスト教の宗旨を教えるのは、宣教師の巧妙な手口であると激しい怒りを覚えている。しかし、「学術を妙に利用す」というのは、その効果を認めたということだ。大学で学問を習得した教師による宗旨の教えは、説得力があったのだ。彼らが東洋の小国である日本に、教師という肩書をもって布教にきている現実を見て、学術と宗旨が一体になれば、その効果は大きいことを、宗演は知る。日本の仏教者が、ただ仏教の教義を説いているのとはわけが違う。憤りながらも内心では認めざるを得なかった。このことによってキリスト教への対抗意識が明確になっていく。

その一方で、宗演はたちまち世俗にまみれはじめた。洪川の不安は早くも現実のものとなったのだ。明治十九(一八八六)年正月、再び長谷川恵徳宛の書簡にこう書く。

……小弟亦鬧市裏《にょうしり》にあって、五欲の空気を呼吸し六塵の窓に対して、邪魔外道の経巻を繙き、夕に畜生道に遊歩し、朝に地獄に往来す。塾中五百余員の牛頭馬頭《ごずめず》と交々《こもごも》眉を接す。……師兄よ。宗教今日の体裁を何とか見し。豈《あに》共に不憤せざらんや。京浜の間外教次第に蔓延す。北畠(道龍)の法話やゝ売れかた好し。然れ共彼老たり。此志を続《つ》ぐ誰人ぞ。おそらくは釈の大和尚か(ヒヤヒヤ)……。

(私は俗界の陰で情欲を起こす空気を吸い、煩悩を起こさせる悪魔の経巻をひもとき、夜になればいかがわしい場所に出入りし、朝になれば地獄にもいく。仏教とは無縁の、地獄の獄卒ともいうべき塾生と交わっている。……師兄よ、今日の宗教のあり方をどう見るか。どうして皆は憤らないのだ。京浜ではキリスト教は次第に広まっている。北畠の法話はまあ評判がいい。しかし彼は老いた。彼の志を継ぐのは誰か。たぶん、釈の大和尚か)。

宗演は勉学にも励んだが、世俗の空気も吸うことになる。黒衣を着ていても、学友と交われば行動を共にすることにもなる。修行僧の身から一気に、自由な空気と出会ったのだ。五百人あまりの塾生はさまざまで、修行僧の多様さとは当然色合いも違っている。成人した宗演が、初めて体験する俗界であった。これまでも世俗への関心がなかったわけではない。三田は、黒衣は着ていても自由である。戒律も破ることができる。宗演の行動を縛るものはない。それ故に懊悩もまた深い。三田は「活地獄」にもなった。中には福澤に告げ口する者もいたが、福澤は「お前たちに和尚の気持ちはわかるまい」と宗演を見守っていた。

キリスト教が次第に広がっていくことに怒りを覚える宗演であったが、他方北畠道龍《きたばたけどうりゅう》の法話には首肯するものがあった。北畠は儒教・仏教を学んで、西本願寺学林の年預参事になり、明治十二(一八七九)年に西本願寺の宗政改革を唱えた。そして十六(一八八三)年には宗教視察のため、ヨーロッパを遊歴している。その帰路、北畠はボンベイからインド大陸へ入った。ブッダガヤの霊跡訪問が目的であった。視察から帰ってまだ数年しか経っていない北畠の法話は、現地を踏んだ者がもつ臨場感と説得力に満ちていたに違いない。しかし、北畠の再びのインド訪問は無理だろう。北畠は文政三(一八二〇)年の生まれで、このとき六十五歳という高齢であった。「此志を続ぐ誰人ぞ。おそらくは釈の大和尚か(ヒヤヒヤ)……」と書くのは、夢のように想像を逞しくする自身をからかっているのだが、いつかインドへいくという願望の芽生えでもあったのではないか。

宗演は仏陀伽耶《ぶっだがや》霊跡の話には惹かれたはずだ。のちの明治三十九（一九〇六）年、欧米布教の帰途、インド大陸に入り、仏陀伽耶に詣でたときの気持ちを旅行記に、「霊跡仏陀伽耶の存亡を聞きてより茲《ここ》に三十年」と記しているので、その存在を知ったのは十五、六歳の修行僧のころになる。宗演は、北畠よりも早く彼の地に渡った僧侶がいたことも知っていただろう。「日本人僧侶初のインド訪問」という「偉業」によって仏教界に広く知られた島地黙雷である。島地は海外教状視察のために渡欧したが、その往路にはセイロンへ寄り、翌年の帰路には仏教の聖地インドへ立ち寄っている。この当時、西洋への航路がインドやセイロンを経由していたこともあり、仏教者が西洋へ渡航するときには、インドの仏跡巡拝も果たしていた。島地は帰国すると、「海外布教の必要性を主張し」、国内外への布教に従事していくのだが、宗演はこの「海外布教」も心のどこかに刻んでいたに違いない。

島地と同時期にセイロンや中国を訪れた僧侶がいる。浄土真宗大谷派の松本白華《まつもとはっか》も島地のすぐ後にセイロンを、小栗栖香頂《おぐるすこうちょう》は中国語を学び、あえて中国を訪れている。キリスト教の広がりから仏教を守る「護法策」を、中国の仏教者に求めようとしたのだ。

鳥尾による学資の援助があったといっても、宗演にけっして余裕はなかった。円覚寺にはそのころ教育議会というものがあり、鳥尾と共にそこに属する幾人かの老師も学資のために奔走していた。だが、ひと月十円ほどで我慢するしかない。宗演の理解者であった塔頭済蔭庵の木村潤石は、時々は塾へ様子を見に足を運んでおり、その暮らしぶりを憐れんでいる。それはもちろん、洪川に告げられていただろう。

宗演は、ときどき洪川のもとに学資の無心にいっている。宗演の顔を見れば、洪川は幾何《いくばく》かを与えてしまう。あるときなどは胡餅ひと包みを土産に、洪川を喜ばせたことがあったのだが、洪川は侍者に「昨日宗演奴が又々学資の無心に来たかと思ふたら、今度は衲の金時計を借りて行き居つた。どうせ最う返へさぬ気だろう」と告げたという逸話も残っている。こうなると放蕩息子と振りまわされる父親のようである。

この宗演慶應義塾在学中に洪川の『蒼龍広録』全二十巻の公刊が企画された。洪川には四十七歳の折りの『禅海一瀾《ぜんかいいちらん》』という著作がある。儒教の書物から三十の言葉を選び、それを禅の立場から解釈して、すべて漢文で書いたもので、洪川の著作を代表するものといわれている。洪川とは、押しも押されもせぬ禅界の一大学者なのである。洪川が宗演に宛てた書簡には、「山岡（鉄舟）も、久しく禅録の出版を聞かないが、蒼龍語録は吾国の宝である。法の為、国の為、出版に尽力するという。川尻も予約にしたら門人も多いから好結果が得られる、そのためには老師（洪川）の高足洪獄大徳の口上が必要というから、和尚（宗演）、わしのために尽力せられよ」とある。この書簡は世俗の空気を吸い、好からぬ噂もある宗演に宛てられている。洪川は学資の無心にくれば渡し、「高足洪獄大徳、……わしのために尽力せられよ」と、宗演が躓くことがないように気を張っている様子がうかがえる。親の心、子知らずである。洪川の陰の苦労が偲ばれよう。山岡が勧めた蒼龍語録は『蒼龍広録』となり、上阪発起人に釈洪獄、広田天真、川尻宝岑《ほうきん》らの名前があり、山岡鉄舟が募刻序を書いた。実際に出版されるのは洪川の遷化《せんげ》後になってしまうのだが。

さて、慶應義塾に学ぶことおよそ三年、このころの宗演に迷いがないわけではなかった。世の中は近代化という名の物質的文明が次第に浸透し、欧化主義が広まり続けている。仏教の衰退は目にあまるほどで、こうして勉学に励んでいても何になるのか。還俗してさらに進路を開拓した方がいいのではないだろうかと思うこともあった。そんな迷いを、宗演が打ち明けたとき、福澤が返した言葉はこうだった。

汝道に志す、宜しくセイロンに渡航して、源流に遡るべく、志や復《ま》た翻すべからず。

福澤諭吉はセイロンへいって、仏教の原点に立つことを勧めた。志を翻してはいけない。禅僧の修行を終えて、洋学を学ぼうとしたのは何のためだったのか。福澤は仏教が近代文明社会に合流するためにも、科学的知識に基づく学問を涵養した宗教者を待っていた。福澤は、改革者になるであろう宗演に期待していたのだ。

福澤が諭した言葉の中の「セイロン」。宗演がそれまで考えてもみなかったことだった。しかし、福澤諭吉によって頭に刻みこまれた「セイロンに渡航」が激しく宗演の心を揺さぶりはじめる。

おまけに洪川の信頼も篤い居士の山岡鉄舟からは、「和尚の目は鋭過《するど》ぎる。もっと馬鹿にならねばいかん、印度へでもいってくるがよい」といわれる。山岡は明治五（一八七二）年、岩倉具視、西郷隆盛の推薦で宮内省へ出仕し、十年の約束で明治天皇の侍従を務めている。のちには宮内大書記官、さらに宮内小輔まで進み、明治十五（一八八二）年に辞職しているが、その間に無想剣の極意を証得して、「無刀流」という剣法を創始している。旗本の五男として生まれた鉄舟は、武芸と禅理を併せ修練していた。山岡は天龍寺の滴水宣牧《てきすいぎぼく》の印可を受けたあとも、洪川のもとに参禅し、人にも禅を推奨する熱心な居士だった。

さらに宗演がセイロンへ発つ年の一月、鳥尾得庵がおよそ一年にわたる洋行から帰国した。このとき宗演に会った鳥尾がいったとされる言葉が、セイロン滞在中に出版された宗演の『西南之仏教』の跋文にある。これは発行者である慶應義塾の同窓であった伊東直三が、同書刊行の経緯を記したものだ。それによると、鳥尾は「詳《つまびら》かに印度仏法の現状を語り、且つ誘ふに宜しく天竺に航し、以て大器の大成を期す可きを以てす。師（宗演）為めに感ずる所あり。乃ち志を決して渡天仏躅を尋ねんと欲す」というもので、鳥尾からセイロン行きを勧められたことがわかる。鳥尾は往路、セイロンのコロンボに寄港したとき、釈雲照からあずかった書簡を、ゴールの酋長グネラトネに渡すことになっていた。しかしグネラトネには会えず、彼の師にあたるスリー・スマンガラ大長老に会っている。鳥尾はこのときのことも、宗演に話していると思われる。釈雲照の用件というのは、雲照の甥で弟子でもある釈興然《しゃくこうねん》のセイロン遊学のことだったと推測される。事実、興然は宗演の渡航より半年早い明治十九（一八八六）年の九月にセイロンに発っている。興然の目的は、パーリ語と南方仏教を学ぶことである。宗演は、このことも鳥尾から聞いていたに違いない。

釈雲照は、山県有朋、伊藤博文、鳥尾得庵ら、政界や財界人たちが崇敬していた名僧だった。明治十九年には彼らの支持を受けて、新長谷寺に入り、目白僧園という一種の戒律学校を創設していた。渡航に当たって宗演は、雲照にセイロンの有力者への紹介を請うている。ここにはもちろん渡航目的についての話しあいもあったはずで、雲照は紹介の労をとり、衣鉢や書籍を餞別に贈った。仏教の刷新をはかろうとする宗演を励ましたのだ。

福澤諭吉と山岡鉄舟にセイロン行きを勧められ、帰国したばかりの鳥尾からは、「詳《つまびら》かに印度仏法の現状」を聞かされて、迷える若い宗演の気持ちが動かないはずはない。福澤、山岡、鳥尾という、日本の近代化に力を注ぎ、世に名を成していた三人が勧めるセイロン遊学。宗演には、そこに興然がいることも心強い。

ここで懊悩しつつ時をすごすくらいなら、セイロンに渡った方がよい。北畠道龍からブッダガヤにある釈尊の霊跡訪問の法話を聞いたときに、心に灯った火種も消えていない。あのときは、セイロンは遥かに遠い国で、羨望をもって聴いていたものだった。それがにわかに近づいてきたのだ。北畠は宗教視察のためにヨーロッパ、インドを遊歴したが、自分は視察よりもっと深く、セイロンで仏教の原点に触れるのだ。

こうして宗演のセイロン行きの思いは次第に熱くなってくる。鳥尾に会ったのは一月、翌二月には渡航を決めている。仏教の改革に向けた使命感と、無謀を無謀とも思わない若さと負けん気が宗演の背中を押したのだろう。

宗演が慶應義塾時代のことを書いたものは見当たらない。およそ三年を学んだが、宗演が必要としたのは洋学と英語であり、師として魅力があり、影響を受けたのは福澤諭吉だけだったのではないか。

第三章　セイロン遊学
――孤独と貧困と絶望と――

宗演がセイロン遊学についてまとめた『西遊日記』は、上中下の三巻に分けられていて、「そのうち、上巻のみ原型のまま残され、中巻は漢文に書き改めたものがあるが、下巻は所在がわからない」という。没後、上巻が新訳・釈宗演『西遊日記』（井上禅定監修、正木晃現代語訳、大法輪閣、二〇〇一年）として出版された。収録されているのは、明治二十（一八八七）年三月八日の横浜港出港から、二十一（一八八八）年二月二十九日までである。この続きは漢文の写本で、明治二十一年十二月三十一日までがある。『西遊日記』は、出版を意識して書かれたものだけに、誰が読んでも同情を禁じ得ない貧窮と孤独以外の、内部の呟きや葛藤など本音の記述はない。旅の途中に目にとまった風景やセイロンの風習、伝説などは実に丁寧に書かれている。またイギリスの植民地であるセイロンの悲惨さや、セイロンの僧侶たちの堕落した様子である。それらに憤り、嘆くけれども、それをきっかけにした、自身の内面にまでおりての記述はない。たとえば、洪川から書簡がくるという記載はあっても、その厳しい内容には一切触れていない。釈興然《しゃくこうねん》と半年あまり一緒に修行をしても、彼の境遇や遊学の目的、宗演に比べたら雲泥の差がある恵まれた境遇にも触れない。『西遊日記』はあくまでも、その日の出来事の記録であり、見聞したことへの随想を記した外遊報告ともいうべきものなのである。それに対して日本の有志に宛てた書簡には、セイロンでの宗演の逼迫した諸事情や訴えが記されている。

『西遊日記』の最後に、のちに宗演の弟子となる鈴木大拙は「後序」の中でこう記している。

明治二十年頃の日本の僧侶達、特に禅僧などでは、法門の修行を了へて、更に「俗学」をやらうなど野心は持ち得なかつたものと思ふ。宗演老師は此時既に池中のものでなかつたのだ。殊に慶應義塾の三年を終へて、更に海外に三年を送らんとした老師の心意気は、確かに出群のものであつた。

宗演は、セイロン遊学の目的として、師の洪川には梵学を修めたいと告げているが、木村潤石への書簡には、「禅の修行によって得た力を実地に試み道念を長養すること（聖胎長養）。仏教発祥地にいき原始仏教の真精神を探り、パーリ語を学ぶこと。日本とインドの仏教、大乗小乗仏教との連合融和を図ること。日本の仏教に欠けている厳粛な出家の戒律を学ぶこと。そしてそれを日本にもち帰り日本の仏教の堕落を救」うことと書いている。要するに、セイロンでパーリ語と戒律を学ぶということだろう。パーリ語は、仏陀が説教に用いた「原語」である。パーリ語を学んで、漢訳ではない仏教の原旨を知るということだ。そして、それによって大乗（北方）仏教と小乗（南方）仏教の統合と融和の可能性を探り、ひいては日本仏教の教勢挽回をはかろうというのだ。また宗演は、自ら修行し、鍛えることを第一にあげているが、日本の仏教界の将来をも憂いている。

宗演が滞在するのはセイロン島だが、この当時のセイロン（一九七二年に国名を「セイロン」から「スリランカ」に変更）はイギリス領インド帝国に包括されていた。セイロンに、めざす師がいるわけでもなく、修行する場所が決まっていたわけでもない。宗演が所持しているのは、釈雲照《うんしょう》の紹介で得た林董《はやしただす》の添書だけである。林は慶応二（一八六六）年に幕府によって派遣されてイギリスに留学し、のちには外相になった人である（当時は逓信省駅逓局長）。宗演は、こうした細い糸を頼りにセイロンへ旅立つのである。しかしこの当時、インドはすでに昔のインドではない。つまりインドの仏教は衰退したというのが大方のとらえ方だった。だがセイロンには、まだ梵学（仏教に関する学問）、梵音（梵語の発音）、梵行（仏道の修行）が息づいている。だからセイロンで学ぶのだと宗演は考えた。

セイロン遊学にあたって何人もが送別の詩を贈っている。

負却西来面壁胡　西から来た達磨大師とは反対に

逍遥二祖未経区　慧可《えか》*も知らぬ国に君はさまよう
知君掉臂独行處　肩肘ふるって君独り行く所には
万里縦横寸草無　万里どこにも一本の草もないぞ
辱知*老友　居士妻木自閑

* 中国禅宗の二祖。四八七—五九三年。
* 辱知は、友人を意味するへりくだった表現。

征帆負此梅柳風　君が乗る船はこの春風に乗って
遠指炎雲蒸靄中　遥か炎雲靄気の中を進んで行く
我有神通大悲力　私には神通力と大慈悲心がある
天涯到處護君躬　世界中どこにいようと君を護る
辱知　川合清丸　合掌

『西遊日記』には諸氏からの餞別が記されている。

五拾円　山岡鉄太郎

廿五円　鳥尾小弥太
廿　円　田中菊次郎
十　円　川尻宝岑《ほうきん》
七　円　田中多吉
五　円　福澤諭吉
五　円　蒼龍老師（今北洪川）

これは一部にすぎない。セイロン行きを勧めた山岡は、当時としては大金の五十円を贈っている。餞別の他に品物や文章、詩があるが、哲学会員から巻煙草百本というのもあり、慶應義塾での宗演が愛煙家であったこともわかってくる。また横浜の居士で、宗演の支援者でもあった新堀源兵衛は、宗演のセイロン遊学にあたり保証人になっている。新堀の母親は県庁へ旅券をもらいにいき、「印度へ行けば真言の衣が入用だ。なんぞ無いか知らん」という宗演の求めに応じて、寺から茶色の衣をもらってきた。そして出発のときには赤飯と豆腐汁で、家族揃って送別会を開いている。さらに母親は「御獄神社」の御札に向かって、宗演の遊学中、無事帰朝を祈願していたという。こうして家族ぐるみで支援してくれる者もいたのだった。

いよいよ宗演の旅立ちを送らねばならない洪川の序がある。

洪岳宗演立僧がインドのセイロンに赴くを送るの序
……今、宗演が突然やって来て、別れを告げた。問えば、インドのセイロンに行き、梵学を修めようとおもう、という。私は驚喜し、そのあまり、寒気さえおぼえた。……

宗演よ。私は、これまで、仏法をこう了解してきた。すなわち、仏法とは、神々が信じる宗教であり、仏は三界に比べられる者がないが、これらは皆、忍の力が実現したのだ。

お前もまた、仏恩に報いるべく、忍んで行うことを忘れるな。

今、別れに臨んで、ただただ忍徳をしたためて、贐《はなむけ》とする。一別三千里の海陸。善きかな。勉学に励めよ。


「洪岳宗演立僧」に、洪川の気持ちが凝縮されている。洪嶽は、洪川が宗演に授けた道号であり、愛弟子への期待と喜びと誇りが見てとれる。「立僧」はすべての弟子の中で最も優れた僧という意味である。洪川がこれほど愛した宗演を、セイロンに送りだす気持ちは察するにあまりある。宗演がセイロンへいくといいだしたとき、叱りつけ、意見もしたという木村潤石は、「洪川老師も無論陰では泣いて居られた」と、当時の洪川の苦衷を綴っている。

渡航準備の整った宗演は、慶應義塾の仲間、哲学会員、在京道友たちによって、それぞれの送別会で送られる。

明治二十（一八八七）年三月八日、宗演は横浜のイギリス波止場からドイツのウェルデル号に乗船した。

入竺口占　インド行きの即興詩

廿年無寧處　二十年間やすらぐところもなく
日月杖頭移　長い歳月あちこちと修行の日々
未報扶宗志　仏法興隆の志はいまだかなわず
尚存憂世思　世を憂う思いはなお変わらない
花皺玄奘面　玄奘《げんじょう》*の花の顔も皺だらけとなり
柳伸善財眉　善財童子*の眉は柳の如く伸びた
乗此好風色　いまこのすばらしい風に乗って
竺天遥覓師　遥かインドに師を覓《もと》めていく

＊　玄奘（三蔵法師）は法を求めてインドにに赴いた。
＊　善財童子は『華厳経』の主人公で、師を求めて、世界中を遍歴したとされる。

船員のほとんどはドイツ人であった。日本人の乗客の中には、宗演の他に多田公平と朝山という二人の人物がいた。朝山は二等船室、多田は宗演と同様、三等船室であった。この二人はドイツ語に堪能だったので、宗演はずいぶん助けられた。他には中国人が少しいる。船は神戸で二日間停泊、その間同行の日本人と共に宿をとり、神戸の名所などを観てまわっている。宗演はこう記す。「ああ、壮大な神戸港の景色よ！　遠くの紀州や泉州の山並みは、あたかも長大な蛇が霧のなかを這いずっているかのごとく、近くの摩耶山《まやさん》の盛り上がった山頂は、厳しい姿で対峙し、互いに呼応しているかに見える。眼前にひろがる十里の海岸には、数え切れぬほど多くの船が往来している」と、旅立ちの高揚感が風景に重ねられている。しかも、「酒は美味く、料理も旨い」と、日常を離れたばかりの楽しさから気も弛む。ところが、その翌日には早くも体調をくずし、宿で横になることを余儀無くされている。

神戸から長崎を経て香港へ向かう。船員は、三等船室の客である宗演に、南京の古米をブリキの鍋で煮ただけのものを、それもまだ十分に炊き上がっていないものを乱暴に置いていく。菜も塩もない。昼飯は三、四個の甘藷のみ。寝台は板の上に一枚のむしろを敷いただけで、まさしく荷物扱いだ。こんな処遇も「貧の一字」あればこそで、不平をいうのはあたらないと、自ら納得させる。劣悪な待遇への憤懣より、セイロンへ向かう旅の高揚感の方が勝っていたのだ。

甲板に出れば、備前、備中、備後の山脈が遥か彼方に見える。やがて九州の山脈が左手に見えてくる。見渡すかぎり青い海原しか目に入らない日は、のんびり寝転んで書物を読んですごす。宗演は『仏国記』を携えていた。五世紀のはじめ、インド各地のほか、仏典を求めてセイロンにおよそ二年間滞在した中国の僧、法顕《ほっけん》の著書である。旅立ちの一年前、イギリスのオックスフォード大学出版局が刊行した英漢対訳であった。こうしてセイロン遊学ははじまった。

香港の港に上陸すると、その壮麗な景観に打たれながらも、「では、この重要な良港を支配して主人となっているのは、誰か。世界の海の王者たる大英帝国にほかならない。まさに英国が東洋において、その版図を略奪し、その財源や資本を独り占めしていることは、もはや誰でも知っている。そして、このような屈辱を受け、このような圧迫に従わざるをえない東洋人、いや中国人などは、今日、果たして、いかなる感慨を抱いているのであろうか」と、アヘン戦争をきっかけとする大英帝国の植民地支配下にある中国と中国人の現状を憂いている。

多田、朝山、他に給仕二人と共に街へ出る。公園を歩き、花や樹木のこと、街並みや人々の様子などを実に細かく記している。ヨーロッパの影響を受けた街や公園が織りなす風景に、宗演は驚かずにいられない。

偶然にも道連れとなった多田公平という人物もまた、大志を抱いてドイツへと向かっていた。宗演と同じ三等船室だったところをみると、彼も資金に恵まれての留学ではなかった。宗演は多田に詩を贈っている。お互いに志を果たし、いつか再会しようと、二人の青年は誓いあう。

船中贈多田公平君　船に乗り合わせた多田君に贈る

万里波濤托一艚　大海を行く一艘の船に乗りあわせたのだ

喚兄呼弟亦何咎　兄弟と呼ぶことに何のとがめがあろうか
他時衣錦帰東日　いつか錦の衣を着て東方日本に帰る日に
刮目期君天下豪　期待を込めて君に会いたい天下の豪傑よ

前途を見つめ、励ましあう二人の青年が見えるようである。

香港でウェルデル号からブラウンシュヴィック号に乗り換える。こちらは荷物も乗客も多く、船員も入れて総勢百五十名ほどである。乗客はフランス人、イギリス人、中国人、船員の多くは中国人であった。宗演はこう記す。「そして、これら中国人たちは、皆、下等社会の人々であって、彼らが船中で生活している様子は、牛や豚とほとんど変わらない。しかし、彼らは、自分たちの陋劣なことを恥とせず、遠く父母の国を離れ、東西に流寓して、艱難辛苦によく耐え、一向に気にしない。それは、なぜか。ただひたすら、利を得たいがためである。利を得るためには、水火も避けない。まして、欧米人からの侮辱、嘲弄、呵責、鞭笞（皮製の鞭、竹製の笞）などは、これを甘んじて受けて、まったく怒ろうとしない。その愚劣さは、笑わざるをえないけれども、その忍耐は、大いに同情すべきものがある」。宗演が初めて目にする植民地支配の現実であった。

シンガポールを経由して、船旅は続く。ようやくコロンボ港に着いたときには、横浜を出てから二十三日が経過していた。ここでドイツへ向かう多田と朝山に別れの挨拶を交わし、小舟で上陸する。グランドホテルに宿をとった宗演は、下痢と腹痛に見舞われる。その上、言葉がほとんど通じない苦しみを嫌というほど味わう。いつもなら旅路は楽しいものなのに、家に帰る方が遥かによいと、すっかり消沈してしまった。

コロンボから汽車と馬車を乗り継いで、セイロン島の南西岸にあるゴール（『西遊日記』にはガールとある）をめざした。ゴールで酋長のグネラトネを訪ねるのである。釈雲照が紹介してくれたセイロンの有力者だ。グネラトネの住まいは、深い緑に囲まれた壮大な邸宅だった。宗演が着いたとき、ちょうどグネラトネが庭を歩いていた。彼は宗演の顔を見ると、微笑みながら、「日本人ですか」という。「そうです」と答える宗演の手を引いて、グネラトネは前楼に上がる。二人は挨拶を交わした。宗演はセイロンへきた趣旨を述べ、林董の紹介状を手渡す。

林は明治十六（一八八三）年の五月、有栖川宮威仁親王のイギリス留学からの帰路に随行してセイロンに立ち寄っていた。歓迎の席上で林は、日本もセイロンと同じく仏教国であるという旨を述べたという。同席していたマハームダリ（セイロン植民地総監の秘書官、現地人が就任した）は非常に驚き、甥のグネラトネに命じて、「日本人僧侶がセイロンに留学し、当地の仏教を学ぶにあたってはできる限りの便宜をはかる」と、南条文雄に宛てて書簡を送らせていた。南条は明治九年に留学生として渡英したが、その帰途にセイロンに立ち寄り、マハームダリと親交をもったのだろう。南条と雲照とには交流があって、興然のセイロン遊学は、この糸をたぐって実現したものと思われる。宗演もまた同じように、グネラトネを訪ねたのである。

グネラトネは満面に喜色をたたえていた。「予を遇する、旧識も啻《ただ》ならず。喜色面に発す」と、グネラトネに歓待された宗演は大いに感激する。

「父母の国を離れるとき、気が全然すすまず、望郷の想いは、じつに切なるものがあった。本来の志を、ほとんど失いかけた。旅の中間では、求法《ぐほう》の念が大いに起こり、精神の高揚を覚えた。次にまた、長旅のいろいろな苦難に阻まれ、あるいは前途を悲観して、また精神が低調となる。自分で自分を励まし、いま、幸いにもこの地に到着し、この人に会うことができた。どうして、喜びのあまり、手の舞い、足の踏むのを忘れないでいられようか」。

宗演の不安定な精神状態は、この遊学が多くから祝福されたものではなく、綿密に計画されたものでもなかったことをうかがわせる。強引に準備を進めてきたものの、いざ旅立つ日が近づいてくると、不安と迷いは募ってくる。まず資金がない。言葉が通じない。この人という師もいなければ、修行と勉学の場も決まっていない。無謀な遊学と気がついても、引き返すことはできない。生きて帰ってこられるのか。そんな中で辿り着いたセイロンで歓待された喜びは、無上のものだった。そして、「釈洪嶽は、日本においては、もうとっくに死んでしまったのだ。セイロンにおいては、たった今、生まれたばかりの赤ん坊である」と、気持ちを立て直そうとする高揚感がいじらしい。生まれたばかりの宗演は禁酒を誓っている。

ようやく、ひと足早くセイロンに渡っていた釈興然と会うことができた。長く不安な旅を終え、異国で日本人僧侶と相見えたのだ。互いに見交わし、手を握りあって、語る。興然は嘉永二（一八四九）年生まれで、このとき三十五歳。グネラトネの援助を受けて、カタルワ村の金沙寺でパーリ語の勉強と仏道修行をはじめていた。宗演は、どんなに心強かったか。

游錫蘭嶋
南天花木不知冬
闘妙争妍色愈濃
欲訪先師韜晦跡
一蘆度水到青龍
斯間仏法問如何
開口不須説向他
驟雨一過煩熱退
鴉回尖塔夕陽多

セイロン島に遊ぶ
南インドの花や木は冬を知らない
互いに美を競い色はいよいよ濃い
先師が姿をくらました跡を訪ねて
小舟に乗り海を越えて青龍《セイロン》に到る
この辺の仏法はどうかと問うなら
口を開いてわざわざ言う迄もない
スコール一過して暑熱はやわらぎ
鴉が尖塔を回り夕陽が輝いている

視野いっぱいに広がるセイロンの風景を、宗演は弾む心で眺めている。ようやくきたのだという思いが溢れているではないか。セイロンは南インド洋に浮かぶ常夏の国である。年間の平均気温は低地で約摂氏二十七度、高地で約二十度というが、先にセイロンへ渡った島地黙雷は、釈迦の坐像を拝したものの、あまりの暑さのために別の寺院への参拝を断念している。酷暑の国なのである。そして国民の約七十パーセントが仏教徒という、上座部（南方）仏教の国だった。

グネラトネや興然と共にセリスマナチッサ老上人に会いにいき、今後の修学について教えを受けた。その結果、翌日にはグネラトネの家僕を一人連れて、興然と、学僧として名を馳せる般若尊者（コーダゴダ・パンニャーセーカラ）に相見し、パーリ語を学ぶことになる。興然が滞在している金沙寺が、宗演の修行の場所になった。こうしてはじまった修行の日々を、知人への書簡に、「カタルワ村と申す所の般若尊者と云大徳に就て、梵学乃ちパーリ語を研究致居候」と記している。

さて、宗演はセイロンの仏教や僧のあり方について、何を発見し、何を考えたのだろう。ここでの経験が血となり肉となり、宗演を逞しくするのだ。当然ながら、宗演はセイロンの僧侶をよく観察している。僧侶たちは仏教の規制をよく守り、戒律に忠実だが、禅定《ぜんじょう》ということに関しては知らないようだ。修行することがないのだ。この地ではいつからか、「坐禅観道の一大事を廃棄してしまい、一行三昧《いちぎょうざんまい》の境地を知らない」と記す。経典だけに固執して、念誦や読経のほかは顧みない。「禅定なき戒行は、ただ猿が冠をかぶっているようなものにすぎない」と宗演は嘆く。禅の修行をひと通り終え、見性体験も得て、円覚首座となった宗演が、まるで異なる仏教の伝統と向きあっている。これは禅を含めて、仏教というものを深く考える機会になった。

セイロン島の人口二百五十万に対し、僧侶がおよそ六万というのはいかにも多い。ここでは僧籍を得る方が、生活が容易なのだ。まず衣食住が楽である。衣は買う必要がなく、信徒の喜捨を得て体を覆う。裁縫や洗濯は僧が自分でする。食事は朝と昼、集落へ托鉢乞食にでかける。住はといえば、寺が住まいであり、樹木の下で寝ても問題はない環境なので、建物はただ雨露をしのぐだけのもので足りる。装飾もいらない。たまたま大寺や名刹が絢爛豪華を極めていても、それは信徒の浄財で経営されたものである。僧位といった制度も、日本のように複雑ではない。比丘《びく》（正式な出家僧）と沙弥《しゃみ》（見習い僧）だけである。沙弥の中から精選された者が、具足戒《ぐそくかい》を受けて比丘になる。つまり、出家者の集団、僧伽《そうぎゃ》に受け入れられる。

宗演は、この地の人が自分の子弟を出家させるのは、信心からではなく、生活上の安逸に走る結果だと考える。だから寺院は人民の休憩の場であり、僧侶は惰民《だみん》の棄児《きじ》なのだという。出家して家をでれば、戒律は守らなければならないが、「生活や生産に一切、責任を負わず、逆に、人に供養されるのが仕事であって、いわゆる織らずして衣し、耕さずして食らう、という逸民」だと僧侶の生き方を批判するのである。仏教の衰えを見つめて、「しかもこの地の僧はもとより小乗仏教の教えに馴らされて、それが習い性となり、ただただ三宝（仏・法・僧）を崇め、四諦《したい》（仏が説かれた四つの真理）を観ずるほかは、遠大なる衆生救済の心などさらになく、仏教が衰えたのも、また因縁というしかない。外教（キリスト教）が盛んなのも、因縁というしかない」とする。それに対して、「私たち禅門の、いわゆる無中に道あり、塵埃《じんあい》を出《いず》る、というような活境界《かっきょうかい》を、夢にも知らない」と、上座部仏教に向けられる批判に同調している。

さらに、ここの人々は民度が低いという。天然の産物に富むため食べることに困らず、性質はなまけ物で向上心がない。その日暮らしの、ぐうたら主義に安住していると、宗演は冷やかな眼差しを向ける。しかし、セイロンにも植民地の苛酷な状況があった。一般人に対し、十五歳以上、六十歳以下に限って、一人あたり年に日本円でおよそ二十五銭の人頭税が、イギリスによって課されている。しかも、現地の人々とイギリス人とは生計においても著しい差があった。名誉ある官職に就く道は閉ざされている。教育機関がないし、高い所得をうる職業がない。これらの地位と権利は、すべてイギリス人が独占しているのであった。さらに、キリスト教は本国政府の保護を受け、この地で自由に布教活動し、教義を宣揚していた。それらによる国の衰えが仏教を衰退させている。宗教においても弱肉強食なのである。十九世紀から二十世紀はじめにかけての数十年間は、インドに対するイギリス支配の最盛期だった。こうした時期に宗演は、セイロンに遊学し、インドの人たちの辛苦をまざまざと目にしたのだ。この経験は仏教者である宗演に、社会への、また衆生済度への目を開かせたのではないだろうか。

五月七日、宗演は上座部仏教徒として得度受戒し、沙弥となる。この日は仏の誕生、仏の成道《じょうどう》、仏の涅槃《ねはん》の、大祥吉日《だいしょうきちじつ》である。後日、般若尊者よりパンニャケーツ（智峰）という法号を受けた。上の字のパンニャは般若尊者の偏名《かたな》であり、下の字のケーツは洪嶽の号を保っているという。宗演は日本の新堀源兵衛に宛てた書簡に「釋宗演般若敬多より」と書いている。宗演はこの日から日本の法服を脱ぎ、セイロンの僧侶の威儀に従うのである。沙弥になった宗演には、具足戒を受けることが遊学の目的となった。

朝七時から丸一日続いた得度受戒の盛典に疲れたのか、翌日、宗演は床につき、服薬している。現地の人がときどき見舞いにきてくれる。「あなたは千里の道を遠しとせず、たった独りでやってきた。その孤独や悲愁の心は察するにあまりある。だから私は、あなたに対して、父母や兄弟のような情を抱いている。じつに、同情すべきことである。自重して、その志を遂げてくださるように願っている」と。ごく普通の人が寄せてくれる厚意に感激するのだが、痩軀の宗演をまるで木の人形のように見たり、時間に関係なく訪問してくるのは煩わしい。

さて、禅の修行のない国の僧侶となった宗演の日常はといえば、戒文の伝習である。午前も午後も戒文を繰り返し誦す。夜になると念誦《ねんじゅ》である。こんな日々が続く。宗演は一人で坐禅を試みる。寺から一歩も出ずに梵文読誦《ぼんぶんどくじゅ》などの勉学に励む。そして携えてきた『仏国記』を読みふける。

夜の念誦とはこうだ。鈴を三回鳴らすと一同が仏前に集まる。長老、上座の比丘、沙弥、寺僕が順に着座する。仏祖への帰依を示す礼文と帰敬文《ききょうぶん》が終了すると、比丘や沙弥などが一斉に長老を拝する。礼文があり、答文がある。次に沙弥などが各個に比丘を拝する。次に寺僕たちが沙弥を拝する。すると末席の沙弥が一人、寺僕に三衣《さんえ》（仏・法・僧への帰依）を口授する。寺僕は答拝して退出する。それから長老が先導して経を全文読誦する。一時間から二時間の念誦である。

身は雲にこゝろは水に墨そめも旭の出る空ぞ恋しき

日本を発っておよそ三カ月、セイロンに慣れてくると、望郷の念もわいてくる。現地の言葉の発音を学ぶのは困難だった。他にも差し障りはある。指で食事をすること、裸足で熱い土の上を歩くこと、用便のあとで肛門を洗い清めること、片手で鼻洟《はな》をかむこと、こんなセイロンの風習にも慣れない。しかし、日記（『西遊日記』）を書く目的の一つとして、「毎日、入定《にゅうじょう》（眠る）前に、筆をとって当日の出来事を採録し、自分で書き記したものを自分で読み返し、至らざるところを反省し、何一つとして、ゆるがせにはしない。この日記を見て、過去の行為を知り、取捨し、良いところを見出して、未来の行為を良い方向へ導きたいのである」と記す。宗演は初心に帰ろうとしている。三カ月前までは慶應義塾の塾生であった。つまり、およそ三年を俗界で生きてきた。宗演がセイロン遊学を慌ただしく、しかも強引に決めた動機の一つには、禅僧として生き直す決意があったのではないだろうか。俗界と縁を切るためにも、セイロンに遊学しなければならなかったのだ。

六月二十三日から七月六日にかけ、グネラトネに誘われて興然らと共にキャンディ旅行にでた。キャンディとはセイロン島の中部に位置し、古くはキャンディ王国の都であった。ここで英国女王の即位五十年を祝って仏舎利の公開が行われるとあって、キャンディにある仏歯寺を訪ねる旅だった。仏歯寺は、紀元前五四三年、インドで火葬された仏陀の歯を安置するために一六〇三年に建造された寺院で、一大聖地として多くの信徒が訪れる所なのだ。これは宗演にとって思いがけない仏跡巡礼になった。費用はグネラトネが負担してくれた。口にはしていないが、宗演も仏跡巡礼を望んでいただろう。しかし、貧困を覚悟の上の修行となれば仏跡巡礼など、夢のまた夢だった。それが実現したのである。「予、今幸に仏の真身を拝することを得て、信心肝に徹し、其記する所を知らず」と感激は深い。宗演にとっては、この仏歯寺訪問がたった一度の仏跡巡礼となる。

キャンディ旅行にはもう一つ収穫があった。コロンボ経由でキャンディに向かったのだが、コロンボでは興然と共に、般若尊者の師である大長老スマンガラに会いにいった。その寺には学林があり、百余名の僧徒が住んでいた。さらにコロンボでは、アメリカ人で、大佐であり判事でもあったヘンリー・スティール・オルコットの家も訪ねている。オルコットは、ヘレナ・ブラヴァツキー夫人らと共にニューヨークに神智学協会を創設していた。自ら仏教徒を称していたが、一八八〇年、セイロンに到着すると五戒を受け、仏教徒として認可されると、その翌年には仏教の教義要綱を英語版で出版した（これは日本でもその後、オルコットの来日に合わせ、『仏教問答』（原成美訳）として一八八九年に出版されている）。オルコットは長くセイロンにとどまり、その活動によって南アジア一円の仏教復興者とされている。宗演はこの旅行にでる一カ月ほど前に、グネラトネからオルコットの著書『仏教教義要綱』を与えられ、熱心に読んでいた。グネラトネからは他に『英語セイロン語小字典』などを与えられている。

宗演と興然が訪ねたのは神智学協会のコロンボ支部だった。そして、そこにはスマンガラに仏教を学んだアナガーリカ・ダルマパーラがいた。当時、セイロンでは仏教復興の動きがあり、オルコットとダルマパーラはその中心にいたのである。ダルマパーラは神智学協会に参加し、出家せずに在家信徒として仏教の改革と世界布教に力を注ごうとしていた。彼はのちに大菩提会を設立し、「改革仏教」の旗手となる。スマンガラ、オルコット、ダルマパーラの三人に出会ったことと、仏教復興運動の息吹を肌で感じたことは、宗演にとってセイロン遊学の大きな収穫になった。

宗演がセイロン遊学に携えていたのは、イギリスで出版された『仏国記』だったことを思いだそう。十九世紀に発展した西欧の仏教研究を宗演は知っていて、そこからインド仏教を知ろうとしていたのだ。この時代、西欧で知られていた仏教は、ほとんどが南方仏教、小乗仏教であった。

宗演はセイロン滞在中の明治二十二（一八八九）年、日本において『西南之仏教』（出版者、伊東直三）を出版している。「第一章　仏教の出世、第二章　仏教の大意、第三章　パーリ語の由来、第四章　西南仏教の将来」の構成である。巻頭にはダンマナンダ師の肖像を載せ、洪川の自筆の序文と鳥尾得庵居士の序文が添えてある。そして、その末尾にこうある。「米人オルコット氏、深く仏教にとる所ありて、神智協会を組織し、まさに大いに為す所あらんとす」、「仏草西半球の地において芽を出せり」。百頁に足りない小冊子だったが、宗演の最初の著書であった。

さらにこの著作の中には、一八八一年にインド仏教の研究者であるトーマス・リス＝ディヴィッズが創設したパーリ聖典協会に、シャム（一九三九年に国名を「タイ」に変更）のラーマ五世や、南方仏教の高僧や居士にとどまらず、西欧の著名な研究者が会員に名を連ねていることに触れ、「是に因て考ふるに仏法の西漸も蓋し遠きにあらざるべし」という記述がある。それまで、日本の仏教各宗派がアメリカで布教しても、それは日本人のためであった。真宗大谷派が中国に進出したのも、仏教は東洋のものという理念からだ。しかし、ここセイロンにきて、宗演の視野は大きく広がった。スマンガラ、ダルマパーラの活動や、オルコットというアメリカ人仏教徒の存在、西洋人の仏教研究者によるパーリ聖典協会の設立などを観察し、宗演は欧米にも仏教は広まるという確信を得たのに違いない。グネラトネがパーリ聖典協会の名誉書記を務めていたことから、宗演は彼を介して多くの英語文献にも触れていた。セイロンにいたからこそ得られた確信だろう。これはまたキリスト教に対抗しうるという自信ともなった。

『西遊日記』を書いた精進一筋の禅僧は、日記には「梵典の伝習」「文典の暗誦」などと記すが、実は貧困と闘いながら猛烈に勉学に励んでいたのである。新聞社や雑誌社から、日本に通信を送るようにとの依頼もあった。セイロンの情報を伝えることは「凡そ何人を問はず、父母の邦を離れて海外に遊歴するの士は、時々己が実地に見聞したる異事奇聞を記して、之を本邦の同胞に報道するは、蓋し海外遊歴者の義務とも云ふべきなり」と、明教社（『明教新誌』）、明道協会（『明道協会雑誌』）に記事を送ってもいる。そこにはセイロンの情報だけでなく、自説や抱いた疑問までも含まれていた。この記事によって日本の仏教者は、釈宗演という禅僧が、セイロンで修行していることを知る。もちろん今北洪川の目にも触れていたであろう。洪川にとっては、宗演の無事を知る手段でもあったのだ。

宗演は、帰国後に『錫崙島志《セイロンとうし》』を出版している。これはセイロン島の風俗や人情、政治や宗教など、目に触れ、感じたことを綴ったものである。グネラトネからはセイロンの地図や歴史の本も与えられており、明教社や明道協会に送る原稿を書きながら、多くのことを記録していたことがうかがえる。

セイロンにきて半年経った明治二十（一八八七）年十月、宗演は体調を崩した。いったん具合が悪くなると、四日ほど床に臥す。十一月には風邪をひき、九日間、床にあった。グネラトネから「英字新報」の説として、京都の建仁寺が財政逼迫のため寺宝や器具を競売にかけたことを教えられると、「ああ、日本最初の禅寺にして、その哀運はここに極まった。天涯万里、この悲報を聞く」と嘆く。建仁寺は、宗演がその塔頭《たっちゅう》両足院《りょうそくいん》で十三歳から三年間、修行した所だった。明治二十年になっても建仁寺は廃仏毀釈などの、時代の嵐の打撃から立ち直れずにいた。宗演はセイロンという遠い異国にあって、たった一人で悲報を受け止めるのである。体調不良と哀しみと、宗演の孤独は深まる。

極度の貧窮の中で続ける修行には、やがて限界がくる。書籍を買えず、学業も思うように進まない。この地で受戒した者は、十戒によってお金に触れることが許されない。宗演も、所持金はグネラトネにあずけていて、働いてわずかの収入を得ることもできない。食事は托鉢によってまかなわれており、僧侶の生活はすべて俗人の布施で成り立っている。宗演は学業の時間を得るために、托鉢を免じてもらって自炊である。一日二食、うち一度は淡いお粥のひと椀だけだ。

宗演はやむを得ず、日本の師友へ学費の送金を依頼する。洪川から五十円を送ったという報せがあったのは十一月二十七日。しかし「此五十枚の涙金を旅費として、速やかに帰朝せよ」という訓令がついていた。洪川の思いもかけない厳しい言葉に、宗演は「三年間西遊の允許《いんきょ》を猊下《げいか》に得たれば、大事あるに非ざれば軽々に去々来々《きょきょらいらい》して貴重の光陰と貴重の鞋資《あいし》とを浪費したくない。帰航の旅費これなき場合は、小生は此土に止りて孤峰頂上を坐断して、かの大梅の常公を学び、死して後罷《や》むの心得」と書き送る。三年間の西遊の許しを得たのだから、よほどのことが無い限り貴重な時間と金銭を無駄にしたくない。帰国の旅費がなければこの地に留まり、三十年間を山に隠棲して修行した大梅法常禅師に倣い、死んで退く覚悟と、半ば開き直っている。宗演は以後、洪川には学資はもとより何の援助も求められなくなった。

その涙金五十円を手にしたのは五月になってからだった。そのままグネラトネに預け、これまでの借財を差し引くと、いくらも残らない。

宗演が滞在している金沙寺が仏殿を造営していて、落成をかねて入仏の儀式を行う計画があった。そのために仮経堂や僧房、食堂などを仮設する準備がはじまっていた。その様子を目にした宗演は、また新たな感慨を得る。

日雇い人足などは皆、信者の奉仕活動であり、寺からは半銭も払わない。しかし、村民は喜んで働き、土を運び、石を曳き、一挙手一投足ごとに、例の歓喜の声（礼拝のときなどに上げる「サード」）をあげる。そして、一日の仕事が終われば、寺の僧が、これら労働奉仕の人々に、三帰五戒《さんきごかい》を授与するのが通例である。その他は、冷えた茶の一杯といえども、寺の財物を割いて、在家に与えることはない。このようにして、能所財法（僧は法を施し、俗は財を施す）の二つの施しに関する古来の規範が明らかになるのである。こうした風習は、南方仏教の美点といってよい。

これも南方仏教を直に見聞して学んだものである。

明治二十（一八八七）年十二月三十一日、宗演はこの日を、「今月今夜は、わが国の明治二十年の結末であって、すなわち人生が老衰におもむく一里塚」と考えており、世の中の人が皆、何を苦しんでなのか、この一里塚に向かってとるに足りない低級な感情を切なく訴えていることを嘆く。しかし、日夜、学問研究にいそしみ、一喜一憂する感情を乗り越えてきた宗演は、今まさに二十年間の一里塚に対して、またいささかの感慨がわき上がるのを禁じえない。維新から二十年が経過した日本と日本仏教の行く末に感慨をもよおすのだ。どこまでも広がる空を見る。その空のかなたに、師父を想う。仏法はまさに衰えようとしている。「その仏法の大建築を、私が支えよう」との決意を記す。さらに、「この一里塚を通過すれば、あしたの朝は、きっと良い境地があるであろう」と、新年を迎えるのだった。セイロンにきて、十カ月が経とうとしていた。

　年が明けても、セイロンの暦法は日本とは異なるので、一般の人々は特に新年の賀を祝うことはない。一年中、著しい寒暑の差がないため、いつでも草木は鬱蒼と茂り、蛍が飛んでいる。僧堂の中ではいつも読経の声が流れ、時間の経過という感覚がない。「異郷ならではの環境にいると、俗世間を忘れられる」と、一月一日に胸の奥を覗いている。俗界で見た巷の光景や人々の姿が、幻影のように浮かぶだけだ。忘れてしまいたい三田での日々が、遠のいていく。

　興然がコロンボのスマンガラの学林へ修行の場を移すので、その準備がはじまる。興然もスマンガラたちに刺激を受けていた。宗演は、興然がコロンボに転じることを告げる釈雲照に宛てた書簡の中で、「興然兄とコロンボへ同行の筈に候処、都合により尚ほ当所に留錫致《りゅうせいいたし》居《おり》候」と記しているが、「都合」とは費用がないことだとわかる。宗演は、ゴールまで興然を送っていく。

　　送興然兄之コロンボ港

同心不必住同床　　同じ志の者が同じ所に住む必然はなく

萍跡雲蹤各有方　　浮き草や雲のように漂泊するのもよい

唯採南蛮瘴癘熱　南蛮の地の毒素甚だしい熱気を採取し
転成涼味向扶桒　涼気に転成させて滋養にしてしまおう

興然がコロンボに修行の場を移すことを、宗演は受け入れている。カタルワ村に残り、「熱気」を「涼気に転成させて滋養にしてしまおう」と自分を励ましているが、元気がない。二日間をグネラトネや興然と共に、車でキンビー村に向かって遊行する。興然との別れの時が迫っていた。

そしてまた、カタルワ村の信徒に伴われて牛車《ぎっしゃ》に乗り、金沙寺に戻る。寺に着けばグナサーラ尊者の訃報が届いていた。宗演が得度したときの証明師であった。これも悲しみを深くする。為替の行き違いについてグネラトネに相談するため、宗演はまたゴールに向かう。興然はまだ滞在していた。二十六日の朝、興然はいよいよコロンボへ発つ。馬車に同乗して郵便馬車会社に行き、グネラトネと一緒に彼を見送った。

翌日の日記には、「今日は、いささか気分が悪く、半日、床に伏す」とある。体調が悪いのではなく、「気分が悪く」である。興然がコロンボに去ったことが原因だろう。これからの興然はスマンガラを師として修行する。そのそばにはオルコットがおり、ダルマパーラがいる。彼らに刺激を受けながら、勉学に励もうとする興然を、宗演は羨望の眼差しで見つめるしかない。極度の貧困は、目の前のチャンスを奪った。この悔しさに気力を失って「半日、床に伏す」のも仕方がない。ともかく、羨ましい留学生はコロンボへ去った。日本語を話す相手もいなくなってしまった。

コロンボへ留学するには、一カ月に少なくとも十円以上が必要だった。興然は滞在費として、年額百八十円を本山に申請している。興然には月に十五円の滞在費があるのだ。一方の宗演は、月に四円で暮らしている。衣食住の心配はなくとも、日本への郵便代が要る。勉学のためのノートも要る。欲しい本を買う余裕もない。ちなみに出発に当たって贈られた餞別は、合計で百八十七円十銭だった。船賃、寄港時のホテル代、交通費、食事代、酒代も少々、これらの支払をすませ、グネラトネのもとに着いた時には三十六円になっていた。ひと月四円で暮らしても、九カ月分しかなかったのである。郵便代を節約するため、高浜の父へ安否を問う書簡をだすときも、円覚寺へだす郵便の中へ入れ、そこから転送してもらっている。

翌日の昼食の接待にあずかったあとは、独り牛車《ぎっしゃ》に乗って金沙寺に帰る。「夜、満月が鏡にもまして円く輝いている」と書く。この日の満月が放つ輝きは、宗演の胸を貫いていく。修行の日々は、怠りなくやってくる。次の日からは梵文《ぼんぶん》の演習がはじまるのである。時には真っ暗の部屋で坐禅を試みる。

明治二十一年二月二十九日で『西遊日記』は終わっている。日記にみるかぎり、セイロンにおける宗演の毎日は勉学一色である。日本にいたらこれだけ勉学に励む時間はあっただろうか。なによりも、西洋のインド仏教研究書の数々に出会うことはなかっただろう。

ところで、餞別とこれまでの出金を比べてみると、宗演の手元には帰りの船賃どころか滞在費も残らない。その準備もせずにセイロンへ渡航してきていた。宗演は二度目の送金を依頼する。二回目の送金の報せは二十一年の年末にきた。しかし、これも容易に手にすることはできなかった。新堀源兵衛に当てた書簡がある。

終始拙《せつ》が学業進歩の邪魔を為す者は、卑しき事ながら学資空乏の一点に御座候。素《もと》より拙の遊学は、世間に能くある官費だとか本山費だとか申す贅沢なる留学に無之《これなく》、自分に思ひ立ちて、自らに難儀する事故《ことゆえ》、生きるも死ぬるも勝手次第にて、極《ごく》気楽の様なれども、なまじい学問をするとか、勉強をするとか申して見れば、書物も要る、学資も要る。殊に海外異郷の悲しさ、一挙手一投足も皆《みな》金なければ動く事態《ことあた》はず。

「官費」とか「本山費」でセイロンへやってくる留学生とは、釈興然や善連法彦《よしつらほうげん》、東温譲《ひがしおんじょう》を指している。善連法彦は真宗の僧で、パーリ語の勉強にインドにきていた。学費に恵まれたこの僧は神智学協会に滞在していた。宗演の悔しさと惨めさは、興然がコロンボへ移ったあたりから、より切実なものとなりはじめたのではないか。

セイロンへ遊学しておよそ一年半がすぎた明治二十一年七月十二日、宗演は自分の写真の裏に賛を記している。異国の地にいて、なかなか志が叶わない悲鳴のような、あるいは絶叫のような声が聞こえてくる。

汝は若州《じゃくしゅう》高濱《たかはま》一瀬《いちせ》五右衛門信典の子なり。汝が性は愚にして悍《かん》なり。幼にして早く郷黨《ごうとう》に憎まる。十二歳にして故法山管長越渓《えっけい》老に就いて薙髪《ちはつ》受具幾《いくばく》もなくして、建仁俊崖《けんにんしゅんがい》師に従って文字を習ふ事三年一も所得《うるところ》なし。轉じて江州《ごうしゅう》の三井に上り、大寶律師《だいほうりっし》の教筵《きょうえん》に列《つらな》る一夏《いっか》亦《また》所得《うるところ》なし。轉じて備前の佛國興盛禅師（儀山善来）の禅化に浴する一年乃《すなわ》ち無所得《むしょとく》なり。遂に東下して鎌阜鹿山の洪川老人の門に投じ眞參六年、無所得の処更に無所得なり。且《かつ》つ佛日《ぶつにち》の艸庵《そうあん》に眠る事纔《わずか》に一年計り又去って東京慶應義塾に入り、掠虚頭《らっきょとう》を打する事一年有餘、是に於て無所得底《てい》を忘却し、更に一段の無明《むみょう》を攪起《かくき》して、明治二十年の春、飄然《ひょうぜん》一葦《いちい》に搭《とう》して竺《じく》の錫崙島《セイロンとう》に流れ来り、般若尊者に従って、今の學を研究す。咄哉三界輪廻の漢我れに二十年の飯銭を還《かえ》せ。

（私は若狭高浜一瀬五右衛門信典の子である。私は愚かで荒々しい。幼くして里の友に憎まれた。十二歳で越渓について剃髪し、すぐに転々と修行の日をすごして無所得だった。洪川の門で六年間、何にも執着せず修行した。無所得の処、更に無所得である。且つ仏日の草庵に一年ばかり。慶應義塾に入り一年余り。ここで無所得を忘れ去った。明治二十年の春、ふらりとセイロン島に流れきた。般若尊者について今の学問を研究している。ああ三界輪廻の漢、私に二十年の飯銭を還せ）。

思えば、出家を望んだのは兄の方だった。しかし兄は総領であったため、家を嗣《つ》がなければならない。その上、性格も温和で勤勉であった。つまり故郷は兄を放さなかった。それに比べ、自分はなんと易々と故郷を出たのだろう。愚かで荒っぽい次男坊を、故郷は引き留めることはなかったのだ。禅における「無所得」とは、「何ものにもとらわれず、求めようとする心のないこと、執着しない自由な境地」だという。つまり、無所得を理想としている禅の修行は、修行すればするほど無一物になる。音信不通となっていた洪川老師を「洪川老人」としているところに宗演の若さを感じる。「二十年の飯銭を還せ」は、般若尊者について学んでいる今、二十年の修行の結果が欲しいとなるだろうか。セイロンにきて貧しさゆえに期待したほどの修行もできない激しい苛立ちが見える。「無所得」を理想としているとはいうものの、すべて金銭への恨みの声にも思われてくる。

ここには自分を笑う宗演の声が響いている。哀しみを秘めた笑い声は、遠い異国にいる青年僧の胸を刺しただろう。不安のない生があってこそ、境地が得られるのだろうか。『西遊日記』の宗演も、この宗演も同じ人である。

こうした思いでいる最中に、七月十九日、胃癌の病床にあった山岡鉄舟逝去の報がもたらされる。五十三歳であった。宗演は異国の地で、恩人の死を知る。

乾坤失色鬼神泣　　乾坤《けんこん》、色を失して鬼神泣く

一片凶音落錫蘭
赤道九十九度熱
満腸血涙為君寒

一片の凶音、錫蘭《セイロン》に落つ
赤道、九十九度の熱
満腸の血涙、君が為に寒し

宗演は、山岡の死に打ちひしがれ、新たな絶望に突き当たる。山岡は帰りの費用を負担してくれるはずだった。師とは断絶、恩人は逝去、孤独と貧困はさらに深まっていく。真浄からは、今から帰路の船賃を頼んでおかなければ間にあわないという忠告の書簡がくる。

明治二十二（一八八九）年が明けると、宗演は帰国のための準備をはじめている。シャムへ渡り、仏法を視察し、その上で帰国したいと、二月には新堀源兵衛に百五十円の準備を依頼している。帰朝までの残り一年ほどは、「土を喰ふてゞも辛抱致候間、学資の儀は御心配被下間敷候」と、今後は学資の心配はいらないからと、旅費の調達を依頼するのである。この帰朝の予定は洪川の耳にも届いただろう。

さて二回目の送金を手にしたのは、二十二年の六月だった。宗演はすでにセイロンを離れ、シャムへ向かうつもりでいる。シャムまでの旅費は二回目の送金の中から都合をつけた。実はシャムでの目的は具足戒を受けて比丘になることであった。セイロンで得度受戒はしたが、沙弥のままである。般若尊者とグネラトネの賛成も得て、シャムの法親王と皇族大臣への添書ももらっている。その上、般若尊者は宗演の行業が終わったことを証明するため、活版刷りの「修了証書」を授与してくれた。

宗演は六月の半ばすぎにゴールを出て、いったんコロンボの神智学協会に滞在している。ここでシンガポールからバンコクへ向かう船を待つのだ。コロンボに転じた興然とも書簡のやりとりをしていたので、ダルマパーラたちの活動も知り、神智学協会の情報も得ていたと思われる。宗演にはコロンボで、たとえ短期間でもダルマパーラたちとすごしたい気持ちがあったのだろう。神智学協会が開いた夜間演説会では、オルコットの演説や大僧正の説教などのあと、宗演は日本人八名の総代として、「土語」で短い演説をしている。神智学協会の活動に共鳴していたということだろう。聴衆はおよそ五百人と盛況だった。

宗演は洪川に何度も書簡を送っているが、返事はない。洪川としては帰国せよという命令に従わなかった弟子に、無言で意志を表明しているのだ。ところが東京の釈雲照からの書簡で、般若尊者が経営していると思われる印刷局へ雲照より半紙六万枚と、洪川より紙料として二十五円が送られたことを知った。洪川が陰で援助してくれていることが、にわかには信じられない。宗演との連絡を一切断っている洪川である。宗演は、玉泉寺住職の鈴木天敬に近況と、帰りの旅費は百円以上が必要で、なければ借金してでも都合して欲しいと頼んでいるのだが、その書簡の中で、洪川の援助は本当のことかたしかめて欲しいとも記している。

ところで、宗演はなぜシャムへいくことにしたのか。セイロンで得度した宗演は、具足戒を受けるために戒律を遵守したが、このことによってセイロンの仏教の歴史を学ぶことになった。セイロンでは十八世紀中ごろまでには戒律も弛み、比丘は消滅していた。そのためにシャムやビルマから僧団を招いて仏教教団を復活させていたのだ。セイロンにおける戒法が百年の間に逆輸入されたものだったという事実に、宗演は愕然とした。セイロンはまだ梵学、梵音、梵行が息づいている仏教の源流だと思っていたのに……。「現今錫崙《セイロン》の戒脈は右両国の支山に御座候」と知り、その衝撃は大きかった。「右両国」とはシャムとビルマである。貧困に耐えながら学んだ宗演は、それならせめて「本山」で具足戒を受けたいと思ったのだ。

シャムは仏教を国教に掲げる独立国だった。「本山」であるシャムで具足戒を受ければ、セイロン遊学の最大の目的は果たせる。その後は、真宗大谷派から派遣されてバンコクにいる学僧の織田《おだ》得能《とくのう》と共にしばらく勉学していれば、よい師に出会えるかもしれない。セイロンに戻ってパーリ語の大成をはかることもできると、宗演は夢を見た。

シャムをめざしてシンガポール経由の船に乗る。費用に余裕のあるはずはなく、辛うじて「デッキ・パッセンジャー」の群れに入った。バンコクのメナンに着いたものの、潮が低くて船は進むことができず、一晩を河口に碇泊することになった。宗演はこの夜、のちのちまで語り継がれる凄絶ともいえる体験をする。

夕刻になって、黒い雲が周囲を閉ざしてきた。雨も風もなく、蒸すような暑さに汗が滝のように流れる。甲板の宗演は無数の蚊軍《ぶんぐん》に襲われた。いっせいに宗演の前後左右を刺撃する。突貫して鼻孔を衝く。眉毛をかすめる。夜はますます深くなり、舷灯がわずかに河底を照らすだけとなる。蚊軍はさらに勢いをつけて宗演に襲いかかる。甲板にいるしかない宗演には、蚊の大群から身を護る場所がない。「噫《ああ》、我れ何人《なんぴと》ぞ」。私は今まで何をしてきたのだ。幼いときに出家して父母に孝行もせず、六人の家族とは離れた。幸いに師友の教えで多少の仏法を習得し、わずかに禅も理解した。それならこれは何の「心行（心の働き）」だろう。これしきの蚊の群れに襲われて心を取り乱しているのは、なんということか。生きていても世のためにならず、死んでも誰に知られることもない。この肉体を蚊の大群の犠牲にし、彼らの腹を満たすのならそれでいい。宗演は暗い甲板で坐禅を試みる。

夜陰、甲板上で、衣類をすべて脱ぎ去り、素っ裸になって坐し、海印三昧《かいいんざんまい》＊に入る。はじめは蚊の大群が耳もとでうなっていたが、そのうちに蚊の大群と自分とが相和して、猛烈な暑さも空腹も感じなくなった。ついに真夜中にいたって、覚醒しているのか睡眠にあるのか、胸の内がひろびろと広がり羽化して、大いなる虚空中に飛翔しているかのようで、その爽やかさ快さは、ほとんど言語表現のかなたにあった。そのとき、突如として雷鳴とどろき、電光はしって、スコールが沛然《はいぜん》として降り下った。凄まじい雨が頭といわず背といわず降りかかり、あたかも滝の中にいるかのようであった。やがて、おもむろに眼を開いて身辺を見回せば、ときならぬ真紅のグミの実が点々と重なり合って落ちていた。蚊の大群が私の血を吸いに吸って、みずから死地に陥ったのであった。

（正木晃現代語訳）

＊　海印三昧＝釈迦が『華厳経』を説くときに入った禅定。静かな海面に四方一切のものが映るように、煩悩や妄想のない仏の心境に万象すべてが映ること。

バンコクに着いたのは七月十日だった。着いて早々、わずかな所持金すべてを盗まれる。この地に滞在している日本人の商人、野々垣直次郎に、帰朝後の返済方を決めて十円を借りることができた。野々垣は横浜の新堀源兵衛と知りあいだった。予定通り法親王金剛智三蔵《こんごうちさんぞう》（国王ラーマ五世の弟）に謁見し、般若尊者らの紹介状を示すと、雨安居《あめあんご》（僧侶が一定期間、一所に集まって修行すること。雨期に行うため雨安居という）の入制より一日をすぎており、僧房は比丘・沙弥の座位を定め終わっていて、一室の空もないといわれる。般若尊者は先年、シャム国王の招きでこの地を訪れており、法親王とは昵懇の間柄だった。その般若尊者とグネラトネの紹介状を持参していたにもかかわらずこのあしらいである。近くの寺へでもこの夏は逗留し、朝と昼との托鉢三昧で命はつなげると、情け容赦もない。

セイロンとシャムでは入制に一カ月の違いがあったのだ。これは般若尊者も知らなかった。『西遊日記』にはそれ以前の記録として、八月四日に雨安居に入るとあるので、セイロンと同じつもりでいたのだった。

「小生が此地へ渡来せしは、生涯の失策に候」。

「失策」とは、シャムで具足戒を受けようとしたことだ。「本山」で受けたいと思わなければ、般若尊者のもとで受けられた。つまり宗演は欲をだした。だが、およそ二年の修行の結果として、せめて「本山」でと望んだ宗演を責めるのは酷だろう。

シャムからは見事に拒絶された。宗演は読み違えた。もういく所さえない。取りあえず、法親王に謁見するまで世話になった家の、「菩提寺」を訪ねる。しかしそこは、「蜘蛛の網、鼠子《ねずこ》の糞、足を措く処なく、手を付くる場所なし。顧《おも》ふに今時懲役人と雖《いえど》も、是の如き牛部屋には栖息《せいそく》に堪へざらん」。罪人でさえこの牛小屋のような所では休めまい。ここまでシャムは拒絶するのか。呆然と見つめる宗演は力つきた。夢もすべて消えた。

「到底此野蛮国にては、小生の目的を達する事不叶《かなわず》」。

宗演は香港へ向かう。具足戒も受けられずに、セイロンへ戻ることはできない。「人民の無学」「僧侶の無人情無見識」「小生が遭遇したる当地の冷待《れいたい》、土人の無情なるは残念憤満切歯黙泣百千万の言語も之を尽すを得ず」と、罵詈雑言を吐けば少しは腹の虫も治まってくる。しかし、またすぐに自省する。実はこの数日間、一日いっぺんの食事も宗演に恵んでくれる人はいなかったのだ。南方式の戒法に準じ、金銀をもつこともなく(この時は盗まれたのだが)、頭と眉も剃り落し、肌は黒く焼け、身につける物は仏制の三衣《さんえ》一鉢《いっぱち》だけ。この異国の若僧にシャムの人たちは情けも容赦もなく、手をさしのべてはくれなかったのだ。宗演によれば、僧侶なのでシャムの寺院に泊めてもらうこともできないという。それでは法を聞くこともできない。ただ一日一飯を恵まれて、犬よりも劣る卑屈な日々を送るのは、日本人の恥ではないか。体は丈夫ではないが、鬼でも引き裂くほどの気性はもっている。しかし、「当国へ参り候千万の辛苦が、一朝の水泡に帰し候ひしは、遺憾遣《や》る方《かた》なく候」なのだ。もし辛抱して半年か一年もここにいたら、必ず具足戒は受けられる。しかしそれは、「世栄のみ、虚名のみ」ではないか。仏法において何の意味があるだろう。宗演はシャムという「本山」で、具足戒を受けようとしたことを見栄や虚飾だと気づいている。宗演は気持ちを切り換える。たとえ具足戒を受けられなくても、比丘になるまでの勉学に励んだではないか。それで充分である。

日本へ帰ろう。怒って去るより、笑ってこの国を出よう。しかし野々垣に借りた十円もあと少し残っているだけだ。もっている品物をいくつか売ると十三円になった。それで香港行きの汽船、明鳳丸に乗りこむ。

此厄介の体も自分の物と思へば、鴻毛《こうもう》よりも軽く存じ候得共《そうらえども》、人の物一切衆生の共有物と思へば、余り非常の辛苦を致し、露命を縮め候様の事有之候《これありそうろう》ては、仏祖に対して報恩の分無御座候。唯々志願成就迄は、此の厄介なる一臠《いちらん》の頑肉も金玉《きんぎょく》の如く大切に存じ候。

（この厄介な体も自分の物と思えば、鳥の羽よりも軽いと思うけれど、人の物、すべての衆生の物と思えば、余りにもの辛苦で命を縮めるようなことがあっては、仏祖の恩に報いることができない。唯々志願成就迄は、この厄介な体も大切であると思う）。

宗演の「志願成就」とは、セイロンで学ぶ動機ともなった、日本の仏教の堕落を救わなければならないという強い思いであろう。まだ死ぬことはできないのだ。「凡そ十日間甲板上飢渇《きかつ》を凌《しの》ぎて風雨に晒され、先づ万死中に一生を得て」、香港に着いた。だが香港は物価が高くて留まることはできない。野々垣にさらに十円を借りると、上海に向かう。明日は日本へ帰るという野々垣に、十円借用したので支払って欲しいと書いた新堀源兵衛宛ての書簡をあずけている。帰国の旅費は香港在留日本領事館で待つつもりだったが、上海へまわしてもらう。帰国を決めると、心はたちまち日本に流れていく。金が着くまで上海の、本願寺の出張所（東本願寺上海別院と推測される）の世話になった。食費だけで滞在させてもらうのである。織田得能の助けであったのだろう。

帰朝の費用が届いたのは八月下旬か九月のはじめではなかったか。二回の学資と違って到着が早い。今度は宛て先が上海であり、本願寺の出張所付けのためであったかもしれなかった。それにしても早い大金の調達であった。山岡の死去で、誰もが宗演から依頼があるのを予測して、準備していたのだろう。

ようやく帰りの旅費を確保した。上海で宗演は、栄西《えいさい》も入山した寧波《ねいは》の天童山へ仏蹟巡礼にでかける。貧窮と闘い続けた二年半の遊学が終わる。何を得たのか。具足戒を受けることも夢に終わり、パーリ語も大成しなかった。ドイツ船で知りあった多田公平に贈った詩の中の、「他時衣錦帰東日　いつか錦の衣を着て東方日本に帰る日に」という宗演の夢は打ち砕かれてしまった。釈興然という僧侶は、今もコロンボで修行を続けている。彼はやがて多くを学んで日本に帰ってくる（事実、興然はキャンディのシャム派総本山マルワッタ寺で、スマンガラ大長老を戒師として南方仏教の具足戒を授けられ、日本人初の上座部仏教僧侶となっている）。しかし、それがなんだというのだ。すべて終わった。望むものは何もない。なんとさばさばした気分だろう。満身創痍の宗演は、自ら深い傷を舐める。今となってはセイロンが懐かしい。生活にかかる費用は、すべてグネラトネたちが負担してくれた。この二年半を支えてくれたのはセイロンの人たちだった。終生忘れることはない。

此の地の僧俗が小生へ愛敬し呉れ候一片の同教相愛心は深く心肝に徹し申候。

釈宗演という手負いの獅子は、身をひるがえして上海の波止場へ走る。そこには日本に向かう横浜丸が停泊していた。

二年半に及んだセイロン遊学から、本当に何も得るものはなかったのだろうか。人に示すことのできるものは般若尊者から下付された「修了証書」だけである。しかし、慶應義塾の三年とセイロン遊学とが、無名の若き禅僧を逞しく、さらに世界にＺＥＮの種を撒く人に育てたのである。

明治二十二年十月十二日、横浜丸は神戸に着いた。

第四章　管長就任

――任重くして才無く……――

明治二十二（一八八九）年十月十二日、宗演の乗った横浜丸は神戸港に着いた。二年七カ月ぶりに踏む日本の地である。神戸から新堀源兵衛にだした書簡には、京都、高浜をまわり、鎌倉へは十二月初旬になる予定と書いている。まずは越渓《えっけい》先師に拝塔《はいとう》するために京都の妙心寺へ向かう。そして、父のいる高浜へ。越渓に連れられて高浜を出てから十八年が経っていた。その間に母を亡くしている。六十六歳になっている父と、兄にひと目会いたかった。この帰朝のおよそ一年前に父に宛てた書簡には、セイロンの風土や様子と共に、無事に修行に励んでいると記している。帰朝の折りには神戸に上陸して高浜へいき、父や兄の安否を伺いたいとも書いており、この高浜行きの計画は、セイロン滞在中の孤独を慰めていたものと思われる。また、『明教新誌』へ寄稿しているので、常高寺へいった際には見て欲しいと、父や兄に少々誇らしげな便りだった。

高浜の生家は十歳で出家したときのままだ。父や兄と会うことで、セイロンでの孤独を一気に埋める。肉親の情を一身に受ければ、シャムでの傷も癒されていく。心身が安らぐ場所はここしかないのだ。

海岸へ出れば、白い砂浜に波が静かに寄せている。西の方には青葉山が、まるで宗演を迎えるように左右にゆったりと稜線を広げている。十歳まで家族と住んだ町、生家のある町、これがふるさと若狭高浜なのだ。老いた父とどれほどの話ができただろう。多くの言葉は不要であったかもしれない。宗演は父と兄に見送られて高浜を発った。

何カ所かに立ち寄りながら鎌倉へ向かう。静岡市興津の清見寺住職になっている真浄にも会いにいっただろう。そして、最後には横浜の新堀家で数日をすごしている。このときの当主、新堀源兵衛は父亡きあと、そのまま名を継いだ息子である。この源兵衛もはじめは今北洪川に参禅し、その後永田宝林寺の真浄もとで修行を重ね、それ以降は一貫して宗演の鉗鎚《けんつい》を受けていくのである。宗演は、源兵衛への土産として『摩多羅経』一巻、象牙印材、仏像一体、時計一個、それに感謝状を贈っている。新堀家では赤飯で帰朝を祝ってくれた。源兵衛は、父や母が宗演をなんとかして名僧に仕上げたいとつねづね話しているのを聞いていた。「借金してでも、宗演サンを御助けせねばならぬ」ということで、勤めている銀行からもらう月給は十五、六円だったが、宗演のために使い果たすこともあったのだ。宗演は神戸に着くとすぐ、荷物を汽船問屋へ送っているので、受け取ってあずかってくれるよう源兵衛に頼んでいる。家族ぐるみで支援してくれる新堀家に、宗演もずいぶん甘えて心を許している。

荷物の整理をすませると源兵衛に連れられて、鎌倉に帰った。今か今かと帰りを待っていた洪川は、宗演を見ると、「痛く御喜色を漂はせられた」という。宗演のおよそ三年のセイロン修行は、洪川にとってはその数倍にも感じられる長いものだったに違いない。円覚寺に帰った宗演は、全山の衆議により西堂の法階（臨済宗妙心寺派の法階規定で下から八番目の位。等級は五等教師）に昇進し、洪川より賞状が下付された。

賞帖

洪獄座原《ぞげん》、律は黄鐘《おうじき》に合い、唱は白雪よりも高し、理無礙《りむげ》、事無礙、立処全真、心も亦《ま》た如《にょ》、境も亦た如、現行三昧、是《こ》れより先、弾指して毘盧《びる》の楼閣を開き、身を分かちて帝網《たいもう》の山河を見る、更に復《ま》た特地に笈を負い、梵土《いんど》・錫蘭《せいろん》に渡り、以て徳雲に従う、妙峰を下らず、別峰に相見し了《おわ》る、噫《ああ》、道徳の貴き、吾山の栄、焉《こ》れより大なるは莫《な》し、奚《なん》ぞ法階の崇庳《すうひ》を以て、帯芥《たいかい》を為《な》すに足らんや、然も闔山合議して、急に座原の法階に昇らさんと欲し、慫慂《しょうよう》して已《や》まず、依《よ》って這回《このたび》、出世補処の位階に公挙して、以て聊《いささ》か賞誉の典を表す、座原愈《いよ》いよ上《かみ》は開祖徳沢の重きを荷《にな》い、下《しも》は四衆の群望を慰塞するを以て勤めと為し、而も尚《ねが》わくは克く祖庭に輝光あらんことを、之れを庶幾《こいねが》う。

（洪獄宗演座原、規則を厳守し、心も境地も囚われるものはなく、称える声は白雪よりも美しく響く。修行に心を静めるやたちまち毘盧遮那如来の教えを会得し、世界の実相を見る。

さらに笈を背負ってインド・セイロンに渡り、妙峰の徳雲に参問して、別峰に相見した。ああ、修行の徳は貴く、円覚の誉である。これより偉大なものはなし。法階を昇る僅かな障りもない。全山の合議で昇格を急ぐ声はやまず、よってこのたび出世補処の位階に挙げて賞誉とする。宗演座原、こののちは開祖の御徳の重きを荷い、出家者の規範となるを勤めとし、この寺門に輝光あることを願う）。

明治二十二年牟尼成道日
伝臨済宗円覚開祖下　二百二世法孫
七十五翁　今北洪川　識

『華厳経』の主人公である善財童子が、妙峰の徳雲比丘に参問して、別峰に相見したという故事をもって、宗演のセイロン遊学を喩えている。これ以上の賞讃があるだろうか。南方仏教の探究を称え、祝し、期待する洪川が授与した昇進の賞状である。慶應義塾入塾、セイロン遊学と、二度も反対を押し切って出ていった宗演がようやく戻ってきたのだ。宗演を門下にもった洪川の誇りと歓びは喩えようもないだろう。洪川は、なかなかの巨漢である。口を一文字に硬く結び、目を見据たその風貌からは、円覚寺派初代管長の堂々とした風格が偲ばれる。この今北洪川に、「俊哉演子、汝は蒼龍門下、波に跳ぬる赤梢鯉なり、……北海おそらくは斯の大魚なからん……」

といわしめた宗演は、黄褐色の袈裟を再び墨染めの衣に替えて、臨済のトップランナーとなるのだ。

　年の暮れからほぼ一カ月、宗演は熱海ですごす。痛々しいほど痩せてしまった宗演を、洪川が保養にだしたのだろう。おかげで日本の冬の寒気を避けることができた。この保養先へは親しくしていた伊豆の医王寺の和尚がたびたび訪れている。この和尚に連れられてくる敬俊という八歳の少年がいた。セイロン帰りの宗演の評判と風貌などは、仏門に縁のない子供にさえ知られていた。ある日、宗演が敬俊を弟子にもらいたいというと、両親は喜んだ。こうして宗演は八歳の徒弟を得る。のちの大本山国泰寺派五十九代管長、釈大眉《しゃくだいび》である。敬俊が、宗演を入門の師とした最初の弟子だろう。敬俊の出家の動機は、宗演の弟子になれば天竺にいけるということだった。天の上にある国にいけるということに心を動かされて、出家を決めたという。しかし宗演が、小学校卒業までは両親の手許にいる方がよいとしたため、敬俊の得度は十四歳である。

　さて、円覚寺に帰った宗演を待ち受けていたのは多忙の日々であった。洪川は高齢のため、昼夜、法要にその補佐として従事しなければならない。管長代理として、東京の各宗管長会議にも列席する。そして、真浄が清見寺へ晋山《しんさん》（新たな住職として寺に入る）してから空いていた、永田宝林寺の道場の師家として臨むことにもなった。三年間荒れたままの道場の蜘蛛の巣を払い、犬の糞を片づけ、十人ばかりでようやく準備を整えたのに、洪川が高齢で講座、参禅も務めかねるから来援するようにと本山から督促がくる。その上、各宗綱要が編纂されることになり、宗演は蘆津実全《あしづじつぜん》（天台宗）、土宜法龍《どきほうりゅう》（真言宗高野山大学林長）、島地黙雷《しまじもくらい》（浄土真宗西本願寺派）と共に編纂委員に選ばれた。委員長は島地である。島地は明治十七（一八八四）年に織田得能《とくのう》と『三国仏教略史』三巻を編集刊行した実績があった。日本で最初のインド・中国・日本の仏教史である。宗演は八月の末に上京すると、東禅寺に数カ月間籠もって『臨済宗綱要』を著述する。この『仏教各宗綱要』全五巻が完成したのは明治二十四（一八九一）年の夏のことだった。

帰国二年目の明治二十四年三月、故郷の高浜から父の病が重いとの報せを受けた宗演は、高浜に駆けつける。二十日、六十八歳の父は逝ってしまった。母に次いで、父もまた逝った。出家するとき、「達者で暮せよ」と送ってくれた父と母はもうこの世にいない。高浜は、吹く風にまだ襟元を合わせなければならない季節だった。

父の死の哀しみを癒す間もなく、参徒の接化（教導）が待ち受けている。本山の命による地方巡教もある。このころになると、同参の清水円通にあて、洪川の補佐のために来錫《らいしゃく》（円覚寺来訪）を促す書簡を頻繁に送っている。ところが秋の開山忌に出頭すると、山内の塔頭や、末派一統から円覚寺の住職を懇請される。ようよう辞退したものの、洪川からは僧堂前版寮をあずかれといわれてしまう。洪川の期待はいよいよ大きくなるばかりだが、宗演はこれも「来年まで」猶予を、と断る。仏日庵《ぶつにちあん》の住職も辞表をだしたが、本山は受理しない。

明治二十四年というこの年、臨済のトップランナーとなった宗演を待つ舞台がアメリカで立ち上がろうとしていた。アメリカでは日本の明治二十六年にあたる一八九三年に、コロンブスのアメリカ大陸発見四百年を記念してシカゴで万国博覧会の開催を決定していた。その部会の一つとして万国宗教会議を開くというのだ。世界の宗教史上初めてのことである。委員会が結成され、委員長となったジョン・ヘンリー・バローズから各宗教代表者にあてて挨拶状が送られてきたのは六月だった。準備委員会が表明した万国宗教会議開催の目的十カ条から抜粋すると次のようになる。


第一、世界諸大宗教の代表者を招集して古来未曾有の会議を開く事。

第二、世人をして諸宗教が通有せる真理の重要なるものは何なりや、又幾何《いくばく》ありやを知らしむる事。

第三、冷淡の念を抱くことなく、又形式上の一致を為すことなく、親話懇談相互の情意を斟《しん》酌《しゃく》して、以て異教徒間に同胞友愛の情誼《じょうぎ》を厚深ならしむる事。

第四、達弁の人をして、各宗教が教ゆる所の緊要特色なる真理を演述せしむる事。

………

第十、万国間の平和を永久に維持せんが為め、地球上各国民をして、益々友愛の情誼を結ばしむる事。

この他にも、物質的哲学に反対する勢力を一致して強固なものにする事、現時の節欲、労働などの重要な問題に宗教は如何なる光明を放射すべきかを究明する事など、この企ての主意は、各宗教相互の理解を深め、世界の平和への寄与をめざすことを標榜していた。そして、この十カ条をもって万国宗教会議開催に賛同するかどうかを問うていた。賛同した者の中から十三名が大会の相談委員を依頼された。南条文雄、島地黙雷、蘆津実全、釈宗演らである。相談委員は大会に出席することができ、また出席者を推薦することもできた。果たして真にこの目的をもって、万国宗教会議は開催されるのか。開催されるのなら、ゆかねばならない。セイロンから帰国しておよそ一年半である。宗演には、早くも世界布教のチャンスがめぐってきたといえる。

鈴木貞太郎（のちの大拙）はこの年、明治二十四年七月に円覚寺を訪れ、洪川に相見した。同月十九日付けで級友、山本良吉に宛てた書簡に、「予も亦来月初より鎌倉に行き洪川坊主につきて説教を聞かむとす」とある。「洪川坊主」と偉そうにいうが、そう呼びたくなるほどの親しみが、畏敬と共にあったのだ。洪川の居士名簿によると、「明治二十四年七月二十七日入門」とある。

洪川の弟子である居士に鳥尾得庵（鳥尾小弥太、軍人）や山岡鉄舟がいるが、仏門に入らなくとも、禅堂で修行することは可能だった。鈴木大拙の『禅堂生活』によると、「日本の禅堂は、品性高潔で、また聡明な若者によって訪れられる。而して、禅の伝統が頗《すこぶ》る生き生きとした事実である事は、今日尚お禅に関する書物の売行きによってもわかる。熱心な禅の行者が、実業家や政治家、その他社会に重きをなす人々の中に沢山見出される。禅堂は斯様《かよう》にして、専ら僧のみのために設けられた制度では決してないのである」。そして、今日では臨済禅の特色となっている公案に触れ、「公案とは、『公府の案牘《あんどく》』と云うことに解せられていて、公文書を意味する。つまり公案は一種の問題である。これを修行者に与えて解かしむるのである。これが解くれば禅の真理の実証に導くと云うことになる」という。

鈴木貞太郎は円覚寺内の正伝庵で参禅するうち、金沢の第四高等中学校の級友、西田幾多郎を誘い、共に参禅している。西田は上京し、東京帝国大学文化大学哲学科選科で学んでいた。このころの貞太郎は猛烈に参究していて、翌年の元旦には、山本良吉に宛て、「禅学は中々面白し、之れを修行して心を収め気を養はずば、真の丈夫が為す底《てい》の事業は出来ぬと存候」と書き送っている。貞太郎はいよいよ本気で禅を学ぶ決心をしたのである。洪川に参禅しておよそ半年が経っていた。ところがその決心を表明して半月後の十六日のことである。この日は托鉢の日で、雲水は誰もおらず、貞太郎と隠侍《いんじ》（洪川老師の世話役）だけがいた。貞太郎が隠寮《いんりょう》（老師の座所）にいたとき、奥でどさりと音がする。何事かと隠侍とその方へいってみると、洪川が倒れている。「朝のお粥か餅かを召上がって、それから便所へいって、自分の室へ帰らんとして倒れられ、その儘《まま》大往生を遂げられたのである」と貞太郎は記している。門前の医師、小林玄梯が診察に駆けつけたけれど、「もう駄目であると宣告した」。実にあっけない遷化《せんげ》だった。貞太郎は洪川の亡くなるときに偶然居合わせたことを、何かの因縁だったとして長く忘れない。

洪川遷化の報せは、宗演が清見寺の真浄のもとに着いたときに飛びこんできた。すぐに宗演と真浄は、真浄の侍者宗謙を供にして、午後には円覚寺に戻ったのだが、宗演は目を閉じた師と対面するしかなかった。

円覚寺派初代管長今北洪川の遷化で、宗演は全円覚寺派の推挙により管長事務取扱となり、二月二十四日、先師の内葬を修めた。次いで三月六日、宗演が主喪となって洪川の津葬（本葬）が営まれた。その後、宗制によって宗演は管長に当選する。明治二十五（一八九二）年四月十一日、内務大臣より許可書が下り、公認となる。このとき宗演は三十二歳だった。これほどの若さで大本山の管長になったのは南院国師（規《き》庵《あん》祖《そ》円《えん》）（一二六一―一三一三年）以来だと、仏教界を越えて喧伝されるのである。新進気鋭の管長の誕生だった。しかし宗演は管長になりたくはなかった。円覚寺の住職も断り、仏日庵の住職も辞めたかったというのに、管長になったのである。

円覚寺はJR横須賀線の北鎌倉駅のすぐ前にある。石段を上って総門をくぐると、空が大きく開ける。円覚寺はまわりを丘陵に囲まれているが、境内が広いので少しも鬱陶しくはない。手入れのゆき届いた境内をゆっくり歩くと、自分の足音が聞こえるほどの静寂が心地よい。寺院とは不思議なもので、信心がなく観光に訪れただけでも、気持ちが鎮まるときがある。普段はそれと気がつかなくても、心の奥には宗教に向かう萌芽があり、寺院の空間に身を置くと、その萌芽が明りを灯すのかもしれない。その明かりを道案内にして参道をいく。総務本所から出てきた若い僧侶を見かけたせいか、大方丈《だいほうじょう》、仏日庵《ぶつにちあん》、正続院《しょうぞくいん》とたどっていくうち、血気盛んな宗演がふいに現れるような気がした。

円覚寺派の管長に就任した宗演は、円覚僧堂師家《しけ》を兼ね、正続院の前版寮に遷《うつ》って大衆や居士を接化することになる。このころから室号を楞伽窟《りょうがくつ》とした。「楞伽」とはサンスクリット語、「ランカー」の義訳（文意を汲んで、和文脈に置き換える訳）で、セイロンの古称である。宗演にとって、セイロンはそれほど大きな意味をもつ存在となったのである。目的とした具足戒を受けることはできなかったが、広く目を開かれ、同時に禅に対する信頼をより強固なものにした。これほど大きな収穫はないのではないか。パーリ聖典協会の設立、アメリカ人仏教徒の存在、西洋の仏教研究などは、仏教はキリスト教に対抗できるという自信を、宗演に与えていた。禅を核とする仏教を、必ずや欧米に布教する。この強い決心はセイロンで得たものであった。日本の仏教各宗派が海外への移民のために布教することや、キリスト教の脅威から日本を護るためという図式とは異なった布教の構想といえるだろう。この室号こそ管長となった宗演の意気込みと覚悟を示すものに違いない。

また、シャムに拒絶されて大きな傷を負ったが、それがかえってセイロンでの経験を宝にした面もある。グネラトネや般若尊者の支援、体調を崩した宗演を見舞ってくれた俗人たち、彼らの慈愛は深く心に刻まれた。孤独と貧困のセイロン遊学は、若い宗演の心に豊饒な実りをもたらしたのである。「楞伽」には、これらの実りもこめられている。

若くして老師となった宗演に参禅した者の中には、やがては世に名を馳せる者も多く、たとえばのちに首相となる浜口雄幸《おさち》もいた。外国人とも応対しなければならない。宗演を師と仰いだ吉川泰嶽がのちに、このころの宗演を書いている。

「僕が鎌倉へ伺うて、最初老師の御世話になった頃は、老師はまだ管長になりそめで、多分三十七、八歳位でいらせられたが、当時の老師の勢いというものは、それはそれは凄かったもので、僕は入室に際し、喚鐘《かんしょう》の前に座っている時でも、喚鐘を打ってからでも、某心安からず。——御廊下を歩みながらも、某心安からず。——御前にでると、某心愈《いよ》いよ安からず」と宗演管長の迫力を記している。

居士でさえこうなのだ。朝比奈宗源の「楞伽窟老師の思い出」によると、三十二歳から四十四歳までの管長時代の宗演は、雲衲《うんのう》の接得は峻厳で、「瞋拳熱喝《しんけんねっかつ》」だった。そこに人を射る眼光も加わるのだから、雲衲の足もすくむ。三応寮の戸や障子は年中開け放つ。ちょっとでも閉めてあると、宗演は開けてしまう。坐睡一つも許さない。時には次の間や廊下までも追って、これを痛打することがあった。そのころ在番をしていた古川尭道《ぎょうどう》が、師の宗演があまりにも雲衲接得に骨を折っているのを見かねて、「いい加減にしたらどうです。あんな者を打ったって灰俵を叩くようなもの、手がいたくなるだけでしょう」といおうものなら、「そんなわけにいくか！」と怒鳴られる。

宗演も口が悪いが、弟子も負けず劣らずである。厳しい師弟関係の仲にも信頼があるから、自由もある。また役位たちに向かっては、人の長たる者の心得として、辛辣骨を刺すような垂示をして、講座ごとに身の縮む思いをさせたようだ。宗源は、師家としての宗演を「鉄のような冷厳さと、火のような情熱をもった方」だったというが、たしかに管長時代に多くの人材が育っている。

帝国大学（明治十九年に東京大学は帝国大学に改称）在学中に参禅した植村宗光は、宗演の情熱に触れ、卒業と同時に得度して徒弟になる。洪川の参徒であった輟翁宗活《てつおうそうかつ》は、宗演の門下に入って参禅を続けるうち、ついに大悟徹底するところがあり、それまでの美術（鎌倉彫）を捨てて出家した。宗演を師とし、釈宗活と改めたのである。洪川に参禅していた鈴木貞太郎も、円覚寺塔頭帰源院などに寄宿しながら、宗演に参禅を続けた。親友の西田幾多郎がこう振り返っている。

「我々が大学へ入る頃、君（大拙）は独り円覚寺の僧堂にいった。その頃なお洪川老師（今北洪川）がおられたが、すぐ遷化せられたので、君は宗演和尚の鉗鎚を受けることとなった。暫く大学に来た事もあったが、全然雲水同様にして苦修錬磨した」。

洪川によって禅の求道に導かれた貞太郎は、宗演の門下となって猛烈に修行に励む。そして「大拙」という居士号を授けられるのである。明治二十七（一八九四）年十二月のことである。宗演が与えた大拙という居士号は、今北洪川にとって最初の恩師、相国寺の大拙承演《だいせつじょうえん》老師の名前であった。洪川との出会いがなかったら、貞太郎は求道を貫くことはなかったかもしれない。宗演は、貞太郎の最初の師である洪川との出会いを大切にしたのだ。洪川によって禅に導かれた貞太郎は、宗演からさらに決定的な影響を受けたのだった。また、宗演にとっても貞太郎という弟子がいなければ、果たせないことがのちのち多くあったことも事実である。宗演と貞太郎との出会いが、禅をZENとして世界に伝えることになる。

鈴木大拙の活躍がはじまる前に、夏目漱石の小説『門』を紹介したい。ここにはのちに、ZENを世界に広める重要な三人が登場するからである。夏目金之助（漱石）が、管長となった宗演のもとで参禅体験をしたのは、明治二十七年の十二月二十三日から翌年の一月七日にかけてのことである。漱石は明治四十三（一九一〇）年三月一日から六月十二日まで、『朝日新聞』に小説『門』を連載した。主人公の宗助が円覚寺に参禅する場面は、自身の体験に基づくものとされている。一窓庵とは帰源院である。「山門を這入るや否やすぐ右手の方の高い石段の上にあった。丘外れなので、日当の好い、からりとした玄関先を控えて、後の山の懐に暖まっている様な位置に冬を凌ぐ気色に見えた」というのは、まさに帰源院の佇まいである。帰源院は円覚寺の三十八世住持となった傑翁是英《けつおうぜえい》が永和四（一三七八）年に創建したものである。創建当初は庵だったが、のちに院となり、傑翁是英の塔所（墓所）となった。

今では春になれば八重の桜が咲き、庭のあちこちに牡丹が大きな花をつける。ほぼ南に向いた庭は冬でも寺院に暗さを感じさせない。小説に登場する老師とは宗演、一窓庵で世話になっている居士は大拙、宜道は宗演の弟子の釈宗活である。やがて禅の海外布教に飛びだしていく三人の風貌を、漱石の作品から見てみよう。漱石は、宗助が出会ったばかりの宜道については……。

この僧は若いに似合わず甚だ落付いた話振をする男であった。低い声で何か受答えをした後で、にやりと笑う具合などは、まるで女の様な感じを宗助に与えた。宗助は心のうちに、この青年がどういう機縁の元に、思い切って頭を剃ったものだろうかと考えて、その様子のしとやかな所を、何となく憐れに思った。

そして居士（大拙）についてはこうだ。

この居士は山へ来てもう二年になるとかいう話であった。宗助はそれから二三日して、始めてこの居士を見たが、彼は剽軽な羅漢《らかん》の様な顔をしている気楽そうな男であった。細い大根を三四本ぶら下げて、今日は御馳走を買って来たと云って、それを宜道に煮てもらって食った。宜道も宗助もその相伴をした。この居士は顔が坊さんらしいので、時々僧堂の衆に交って、村の御斎《おとき》などに出掛ける事があるとか云って宜道が笑っていた。

漱石から見た大拙は、あまり締りのない、むしろ愛嬌のある風貌と性格のようである。この「気楽そうな男」は西田幾多郎によると、「君は一見羅漢の如く人間離れをしているが、しかも非常に情に細やかな所がある。無頓着のようであるが、しかも事に忠実で綿密である。……屢々《しばしば》堪え難き人事に遭遇して、困る困るとはいっているが、何か淡々としていつも行雲流水の趣を存している」と、より明確になる。

次いで宗助が宜道に連れられて、相見した老師の風貌はこうだ。

老師というのは五十格好に見えた。赭黒《あかぐろ》い光沢のある顔をしていた。その皮膚も筋肉も悉《ことごと》く緊《しま》って、何処にも怠《おこたり》のないところが、銅像のもたらす印象を、宗助の胸に彫り付けた。ただ唇があまり厚過るので、其所に幾分の弛みが見えた。その代り彼の眼には、普通の人間に到底見るべからざる一種の精彩が閃めいた。宗助が始めて其視線に接した時は、暗中に卒然として白刃《はくじん》を見る思があった。

たしかに、宗演の目は冷徹ともいえる鋭い眼光を放っている。唇も少々厚い。「其所に幾分の弛みが見えた」という漱石の文に作家の眼力を感じる。

『門』の宗助は、老師から「父母未生以前本来の面目は何だか、それを一つ考えてみたら善かろう」と公案を与えられる。宗助は宜道から、「その公案に一所懸命噛り付いて、朝も晩も昼も夜も噛りつづけに噛らなくては不可ない」と助言されていたが、一向に解答は得られない。老師の前で、「この面前に気力なく坐った宗助の、口にした言葉はただ一句で尽きた。『もっとぎろりとした所をもって来なければ駄目だ』と忽《たちま》ち云われた。『その位な事は少し学問をしたものなら誰でも云える』。宗助は喪家の犬の如く室中を退いた。後に鈴を振る音が烈しく響いた」。

漱石は半月ほどで帰源院を去るのだが、明治三十（一八九七）年八月の終わりか九月のはじめに所用で鎌倉を訪れたとき、参禅の礼に立ち寄っている。このとき漱石が詠んだ俳句、「仏性は白き桔梗にこそあらめ」の刻まれた碑が、帰源院の山門と玄関とを結ぶ参道の中ほどに建っている。参禅記念として昭和三十七（一九六二）年十二月九日に除幕式を行ったものだ。

漱石が帰源院に参禅したときも、そののちに立ち寄ったときも、宗活はまだ修行僧だった。このころの宗活は猛烈な修行を続けたために身体をこわし、宗演に帰源院の管理を命じられていた。宗活は、漱石が立ち寄った年の翌年の四月にはついに禅の修行を終え、宗演から印可を授けられている。

宗演はもとより、大拙も宗活も動きだしたところで話を戻してみると、明治二十五（一八九二）年一月には雑誌『宗教』で、シカゴ万国宗教会議の開催が報じられた。もはや仏教界ではこの万国宗教会議の開催を知らない者はいない。次号では、準備委員会の「告文」と共にその目的十カ条が表明されている。十三名が会議の相談委員を依頼されたことも仏教界では知れわたっていただろう。関心をもたない者はいないはずだった。しかし、出席するための渡航費用は参加者が負担しなければならないから、そう簡単に手を挙げることはできない。七月の仏教各宗管長で組織された仏教各宗協会の定期総会では、各宗代表者の渡米費を負担して派遣するかどうかが議題にのぼったが、否決された。しかし、各宗別に代表派遣の動きがあり、秋には浄土真宗からは南条文雄、島地黙雷、真言宗からは土宜法龍、天台宗からは蘆津実全、そして臨済宗からはまだいくと表明していないのに釈宗演の名が噂されるようになっていた。

ところがこのころ、好ましくない情報が伝わってきた。雑誌『仏光』の在米記者の一人から次のような書簡が送られてきたのである。

……数日前小生は南条文雄氏が日本の仏教徒を代表して該会《がいかい》に参列せらるべき旨或新聞紙に由て承知致候、併し乍《なが》ら小生は該会に就ては我仏教の為めには一の利益すらも無しと相考へ候、……該大会の挙たる全く基督教徒の手に成りたるものにて其結果とてもツマリ基督教の虚光を輝かす丈に過ぎざる可しと存じ候、さすれば南条君及其他の諸君の該会参列は畢《ひっ》竟《きょう》すれば該会発題者仲間の慰物たるに過ぎずして、該会を利用して以て彼等迷者を教化するなどの勇は思ひもよらぬ事に可有之《これあるべく》候……。

（数日前、私は南条文雄氏が日本の仏教徒を代表してこの会議に出席することをある新聞で知った。しかしながら私は、この会議はわが仏教のためには一つの利益もないと考える。この会議が挙げたものはキリスト教徒の考えたもので、その結果としてキリスト教の虚光を輝かせるだけだ。だから南条君やそのほかの諸君の参加は、つまるところこの会議発題者たちにいいようにされるだけで、この会議を利用して彼らを教化するなどと勇んでいると、とんでもないことになる……）。

さらにこの記者は、大人しい子羊と質の悪い狼を一緒に入れるようなもので、この会議は彼らの正道を慕う誠心から自然に発起されたものではなく、彼らの野心から起きた運動にすぎないのだから、これを承知しておいて欲しいと記している。この文面から、日本の仏教各派がアメリカでの布教の好機ととらえていたことが伝わってくる。

宗演には、この情報でかえって納得するものがあっただろう。なにしろ慶應義塾の教師たちの手口の巧妙さに怒りを覚えた記憶はまだ色褪せていない。だが、この情報は代表を派遣しようとしていた仏教各派を揺さぶった。島地黙雷がバローズから受け取った送付物の中には、この会議は「天帝の助けにて耶蘇拡張の好便を得しもの」ととれる演説筆記が入っていた。バローズからは弁解の書簡がきたものの、『仏光』の記者からの情報は真実味を増した。西本願寺当局の意向もあって南条と島地の参加はなくなった。

一方で『明教新誌』は、「此会を以て我教法を宇内《うだい》（世界）の公衆に紹介するの一好機と為さんこと」と説いている。『国教』も同じように、「それがキリスト教の策略であったにせよ、仏教の真理を世界の人々に知らせるために、ぜひとも代表を派遣すべき」だと主張する。南条と島地がおりても、仏教界に吹く風は収まりそうにない。内心ですでに出席を決め、キリスト教界が何を企んでいようが布教にのりこむと決めた宗演にとっては騒がしいことだった。

このころ、新命（新任）住持となって初めて行う演法の儀式である開堂（最初の説法）もあった。この式典を挙げなければ五山・十刹《じっさつ》のような官寺の住持にはなれない。この年の秋も深まった十一月四日、木村潤石宛の書簡で、宗演はとうとう本音を書き送るのである。

夫々来機相応の相手も致さねばならず、外交内政――ちと大形なれど――途中家舎、作務接心、打講応待是日も足らざる有様に御座候、……。

当春は吾等が法乳の大慈父たる蒼龍《そうりゅう》老漢《ろうかん》を失ひ、血涙未だ乾かざる内に、何の宿業《しゅくごう》にや鹿《ろく》山《ざん》の貧天地は衲《のう》が一身を囲繞《いにょう》し来りて、俯仰《ふぎょう》自由ならざる、人爵《じんしゃく》的の管長に推込まれ、実に鼠銭筒《せんとう》に入るの思に堪へず、然れ共今は衲が持前なる隠遁勝手主義を唱へて先師の面目を辱しむるの秋に非ずと決断し、爾来《じらい》鋭意して一山の改進を計り居り候へ共、任重くして才無く……。

（なかなか事あるごとにそれなりの相手もしなければならず、外交内政というのは少々大げさだが、務めも多く日も足りない有様である……。

この春は吾らの仏法の大慈父である蒼龍老漢を失い、まだ血の涙も乾かない内に、何の因果か円覚の宗制という包囲網に囚われて、身動きもままならないのは、遂に銭筒に入ってしまった鼠としか思えない。しかしながら今は、私の得意な世事を逃れる勝手をして先師の面目を辱めてはならないと決心し、それ以来専心して一山の改進を計っているのだが、責任は重く、その才覚は無く……）。

正式に管長に就任してまだ七カ月である。雲衲《うんのう》の接得に、「瞋拳熱喝《しんけんねっかつ》」といわれる新進気鋭の管長のこの心境を、誰が想像するだろうか。宗演は、「無為《むい》の閑道人《かんどうにん》となり、法のため天下に横行したい」という志をもっている。しかしまわりがそうはさせない。管長になると儀式や行事があるために、そう何日も留守にはできない。人には向き不向きもある。得て不得手もある。宗演には管長という職務がただ不自由というだけでなく、「外交内政」が苦手らしい。

その上、万国宗教会議が宗演の心をとらえている。管長の任務に辟易していた宗演には、光芒《こうぼう》（一条の光）とも思える招待だった。キリスト教国のアメリカがどんな企みをもって世界の宗教者を招くのか。セイロンで見たキリスト教団の活発な布教活動を思いだす。いや、慶應義塾の教師たちの学術と宗旨を一体にした布教もまだ生々しく記憶にある。

キリスト教至上主義のアメリカにいかなければならない。アメリカに集まる世界中の人に禅を布教できる好機である。宗演の胸に闘志がわく。キリスト教しか認めない国に、仏教の、禅の楔《くさび》を打つのだ。果たして実現できるのか。宗演は無一物のため、渡航の費用がない。さりとて諦めることもできない。宗演の意志を知った居士の志村保一は他の居士と発起主唱して、「釈宗演禅師渡米勧募主意書」をだした。その一部にこうある。

時なる哉近比《ちかごろ》西来の好消息あり。即ち本年米国シカゴ府に開設せらる可き閣竜（コロンブス）世界博覧会附属万国宗教大会（宗演は大会としている）の機是なり。而して該会《がいかい》委員長神学博士（ジョン・ヘンリー・バローズ）氏より嘗て南印錫崙島《なんいんセイロンとう》に航し、彼の熱帯地方に在って辛学苦修せられし洪獄釈宗演禅師に向つて懇切なる招状を贈来して之が会同列席を求めらる。吾曹《そう》は同会が直接に間接に吾《ご》が仏教に洪益《こうえき》を与ふるの多きを信じ、特に宗教界の一偉業として此の千載奇遇の好機を空過《くうか》すべからずとなす故に、日本各宗中の多少の代表を出だす可きは勿論にして此活機を利用し、此の大会を階梯として以て吾が大乗の教旨を宣説し、正法の真面目を開示せば早晩欧米幾億の人民をして吾が仏教の慈雲法雨に沽《こ》さしむるや必然たり。

（いいニュースがある。それは今年、アメリカのシカゴで、世界博覧会の附属として、万国宗教大会があるということだ。大会委員長の神学博士より、かつて南印度セイロン島の熱帯地方で修行せられた洪獄釈宗演禅師宛てに、懇切な招待状が贈られた。この大会に列席を求められるわが仏教は、この大会が直接にも間接にも、仏教に大いに得るものがあると信じ、特に宗教界の一偉業としてこの千年に一度あるかなしの好機を逃してはならず、日本各宗派から幾人かの代表を出すのは勿論、この機会を利用し、この大会を足がかりとして大乗の教旨を説き広めて仏法の真実を示せば、すぐにも欧米の幾億の人たちを仏教の優しい教えに導くことは間違いない）。

「釈宗演禅師渡米勧募主意書」というものの、この文の大方は宗演が書いたものだろう。ここで宗演は欧米布教を目的としていることを明確にしている。主意書は、「宗演師の渡米を勧奨し、師が高遠卓学の識見と見性明了の眼睛《がんせい》とを以て、親しく吾が仏無上の活法《かっぽう》を提唱せんことを乞ひ、已《すで》に師の然諾《ぜんだく》を得たり。然れども此の行頗《こうすこぶ》る巨多の失費を要するものなれば、僅々《きんきん》数名の能く弁ずる所にあらず故に天下敬仏の諸彦《しょげん》に告げ、応分の助資を乞ひ以て素志を達せんと欲す……」と続いている。宗演のいく気満々を支援する熱意に満ちている。宗演はいまや無名の禅僧ではない。セイロン帰りの新進気鋭の円覚寺派管長の肩書きをもって出席するのである。送りだす方の力も入る。重荷の管長職も、このときばかりは役に立ったに違いない。こうして渡米費用の募集ははじまったのだった。宗演はもしこれが良い結果を得たなら、渡米も叶うかと「妄想」する。「妄想」といいながらも、宗演の心はもうアメリカに渡っていた。

さて蘆津《あしづ》は自分で「渡米主意書」を書いた。

……我が各宗諸師に向つて招状を発せしに付、之に応じて出席する者多しと聞く小衲《しょうのう》も亦此《またこの》撰《せん》に預ることを得たり。即ち是れ東方大乗教の西漸せんとする瑞相《ずいそう》にして俊機一発《しゅんきいっぱつ》善く之を利用すれば、以て日本仏教徒の志願を暢達《ちょうたつ》するを得べし。……

（仏教各宗の諸師に宛てて招待状が発せられ、これに応じて出席する者が多いと聞く。私もまたこの招待を得た。これは即ち東方大乗教が西へ広まる目出度い兆しと見てよく、この機会を上手く利用すれば、日本仏教徒の願いを果たすことができる……）。

蘆津もまたこの会議を、大乗仏教を伝える布教のチャンスと捉えている。他の参加者に遅れをとってはならないという意気込みも伝わってくる主意書である。

日本の仏教団が万国宗教会議に代表者を送りたい理由はもう一つある。明治維新後、神仏分離令が発布され、廃仏毀釈運動が起こったことで、仏教は衰退するばかりだった。キリスト教の脅威もある中で、仏教各宗派は新しい仏教のあり方を模索している時でもあった。世界に仏教を布教できれば、日本での仏教への信頼も取り戻すことができる。近代の仏教をめざしている仏教界はこの万国宗教会議を好機ととらえた。

明治二十六（一八九三）年の三月一日に会議の準備委員会より二回目の報告書がきて、十七日間に及ぶプログラムが発表されている。このころには宗演の渡米という「妄想」は現実になった。禅を世界に広めるときがきた。詳細が発表されれば、いよいよ闘志も熱を帯びてくる。このときのことを大拙はのちに、「余宗は知らぬが、こんな大会に臨済宗の管長で師家《しけ》であったものが単身出かけるなど云うことは、破天荒の事であった。それで宗演師の渡米に反対するものも、可なりあったのは事実だ。併し師は敢然として外遊することに決心して、著著《ちゃくちゃく》その準備を進めた」と回想している。

宗演と蘆津の出席が確定した四月ごろ、真言宗の土宜法龍《どきほうりゅう》と、真宗西本願寺派九州仏教同盟会の八淵蟠龍《やつぶちばんりゅう》もほぼ出席を決めた。土宜も敵地にのりこむ気持ちをもっており、大乗仏教の種を撒くという決意を示していた。八淵にしても同じである。しかし、八淵の参加に対して本願寺派の本山からは出席を見合わせるようにとの忠告や妨害があった。南条と島地がおりたのだから当然だろう。それでも参加する八淵の心意気はたいしたものである。おもしろいのは万国宗教会議の目的十カ条のことより、全員がこの会議を利用して大乗仏教を説く「千載一遇の好機」と捉えていることである。

さて、まずは論文の作成である。宗演は慶應義塾で英語を学び、セイロンで英文の著作を読んでいたが、論文の英訳となると無理がある。これを大拙が助けた。彼は当時帝国大学の哲学科選科に在学中で、二十二歳であった。大拙は郷里である石川県金沢市で、十七歳のときに第四高等中学校予科に入学しているが、一年で退学すると小学校の助手となり、別の小学校へ転任してからは英語教師となっていた。といっても、仏教の論文には苦労したようである。知人に宛てた七月一日付けの書簡で、「在鎌中に重もに読書せんと思ひしに、来着の当日より仕事を頼まれ、今日に至るまで其のみに従事せり、仕事とは老師より頼まれたるにて、仏教大意の英訳なり、之れには予も大閉口なれども、他に急に人もなきもの故、不得止《やむをえず》着手仕候。南条文雄にでも訂して貰ふと老師は言はるれども、元来の不得手、失態百出、自分ながら自分の手際に呆れたり、参考書なく、字書なく、殊に難解の仏語を訳するときては、予ながら大胆なる哉」と困惑しているが、楽しんでもいる。大拙の苦労惨澹する様子に、宗演も思わず南条文雄の名前をだしたのだろう。

しかし、大拙は英訳を成しとげ、さらに連絡の手紙を書く。またプログラムを談じあうなど、宗演の海外布教に多いに貢献するのである。

論文も完成し、渡米の準備は進む。同行する通訳は野口善四郎と決まり（実際には野村洋三も同行している）、この五人はそれぞれが盛大な送別会によって見送られ、七月二十五日に東京に集結した。打ちあわせをすませると、八月一日には百三十人あまりの出席で仏教関係諸雑誌共催の送別会が開かれる。世界宗教史上初の万国宗教会議には、それだけの関心と期待が寄せられていたのである。日本から出席するのは仏教界からだけではない。神道からもキリスト教からも出席するが、彼らは別行動である。

八月四日、イギリス船エンプレス・オブ・ジャパン号は、大勢の人に見送られて横浜港を出発した。甲板に立った宗演は、格別の思いで遠ざかる横浜港を眺めていただろう。

乗此好風色　　いまこのすばらしい風に乗って
竺天遥覓師　　遥かインドに師を覓《もと》めていく

志をもって横浜からドイツのウェルデル号に乗ったのは六年前だった。三度の食事の粗末さ、板の上にむしろを一枚敷いただけの寝台。不安と期待に揺れた渡航だった。しかし今、日本仏教代表の一人としてアメリカをめざして太平洋を渡る。欧米布教の第一歩として万国宗教会議へ出席するのだ。セイロンで深めた禅への信頼と布教への自信は揺らぐことはない。宗演は大海原を眺めながら、遥か彼方のアメリカ大陸を思い浮かべていた。

第五章　シカゴ万国宗教会議
――初めての海外布教――

明治二十六（一八九三）年五月一日から十月三十日まで、クリストファー・コロンブスの「新大陸発見」四百年を記念して、シカゴ・コロンビア万国博覧会（シカゴ万博と表記）が開かれた。アメリカには、近代化し経済発展をとげたことを世界に誇示する目的があった。ニューヨークなどとの激しい誘致競争の末に、アメリカ政府から開催都市として指名されたのがシカゴだった。

シカゴはアメリカ合衆国の中西部、イリノイ州北東部に位置する大都市である。二〇一〇年には人口二百六十九万五千五百九十八。全米三位だが、この大都市域の人口は九百四十六万千百五となり、ニューヨーク、ロサンゼルスと並び、アメリカを代表する都市になっている。

一八一〇年代、イギリスに少し遅れて登場したアメリカの鉄道は、すぐに本格的建設が開始され、その鉄道網は東部および中部大西洋岸からイリノイ州の地域に広がっていた。一八六〇年にはボストン、ニューヨーク、フィラデルフィア、ボルティモアとシカゴを中心とする西部を結ぶ東西諸幹線が貫通している。ほとんど同じころ、西部での建設も本格化し、東部の工業地域と西部の農業生産地域を結ぶ大動脈も形成されはじめていた。大陸横断鉄道をはじめ、西部の未開地へも鉄道がのびる。日本は世界で十二番目、明治五（一八七二）年五月に品川・横浜間を開通させていた。やがて大阪から神戸、大阪から京都まで開通したが、明治二十五（一八九二）年に政府が「鉄道敷設法」を公布して本格的に鉄道の敷設をはじめたとき、アメリカの鉄道業はピークに向かおうとしていた。

シカゴでは、一八七一年に牛小屋から起こった大火で、十万人が家を失った。再建にあたり、市は中心街での木造建築を禁じ、煉瓦、石、鉄の使用を義務づけた。それがシカゴに摩天楼の時代を築くことになるのだが、内陸の国内交通の要所でもあったため、十九世紀アメリカの工業化や都市化に合わせていっそう発展した。

商工業の発展は、アメリカの労働者や海外からの移民には魅力があった。大勢の労働者を雇う工場がある。シカゴは工業都市であり、流通業の中心であり、一大消費都市である。大邸宅を構える上流階級の富が広々とした公園、博物館や美術館を生みだす。その反面、スラム街に住む下層階級も増加したが、十九世紀末のシカゴは、世界にアメリカ経済の発展を見せつけるにふさわしい都市だったのだ。シカゴ市はミシガン湖畔の六十七万坪以上あるジャクソン公園付近を三年がかりで造成し、万国博覧会の広大な会場にアメリカの繁栄を誇示するにふさわしいとされた約二百の建物を建設した。美術館、連邦政府館、園芸館、工芸館、機械館などである。それらは、白亜の壮麗な建物群で、ホワイト・シティと称され、優に一つの都市としての景観を誇っていた。その建築様式は、ギリシア、ローマ、中世ヴェネツィアなど、歴史に残る共和国の建築を模したものだという。白亜の建物に囲まれた中庭にある池の端には、巨大な共和国を象徴する像が立っていた。その像はローマ風の衣裳を身にまとい、左手には職杖を抱え、右手には地球を掲げもっていた。そして、その地球の上にはアメリカの象徴、鷲が乗っている。キリスト教と共和制、これがアメリカの本質であることをホワイト・シティは表現し、そしてヨーロッパ文明に基づいてその力を世界に拡大していく「アメリカの理想」を謳っていたのだ。

また、世界初の巨大観覧車など、大型遊具も設置され、コロンブスが航海に使った帆船のレプリカや大望遠鏡、ニューヨークと結んだ長距離電話、動く歩道など、これを機会にアメリカは当時の最先端技術を披露したのだ。

シカゴ万博ではいくつもの世界会議が計画された。五月には婦人、新聞雑誌、医学会議、六月には禁酒会議、七月の音楽、文学、教育会議。八月には機械、科学と哲学会議、そして九月には労働と、万国宗教会議があった。

万国宗教会議は、「世界の偉大な歴史的宗教の指導者たちを、史上初めて一堂に会合せしめること」を目的に開かれた。しかし、キリスト教、それもプロテスタントの国アメリカが、世界の他宗教の代表者たちを招いて会議を開くのには、当然ながらいくつかの思惑と背景があった。

ジェームス・E・ケテラーは『邪教／殉教の明治』の中で、「キリスト教はヨーロッパやアメリカの哲学的唯物論や進化論に攻撃され、中近東や極東での伝道活動でも期待はずれの結果に終わったため、信仰の再編と象徴性を必死に求めていた」と書く。他宗教との対話によってキリスト教の優位を示し、キリスト教がさまざまな宗教を総合する原理たりうることを示そうとしたのだ。

また、シカゴ万博では物質的発展と豊かさを誇る一方で、「物ではなくて人間、物質ではなくて心」という標語が掲げられていた。このころアメリカは、経済の拡大と成長の果ての、危機の時代を迎えていた。高い失業率の中、労働争議と銀行の倒産が頻発している。万博には、こうした社会不安を回避するために、人々の目を奪う娯楽を提供することが期待されてもいた。未曾有の物質的繁栄を謳歌する陰で、価値の転換が求められてもいたのだ。物質的・経済的な欲望に囚われ、精神的救済に向かう関心は人々の心の中で希薄になっていく。そんな時代の到来にあって、信仰の礎《いしずえ》であったキリスト教、社会の統合の原理でもあったキリスト教はもはやその役割を果たせなくなっていたのである。

各国の宗教者に発せられた招待には基準が定められていて、参加するにはそれを遵守しなければならなかった。宗教会議議長のバローズは、「アメリカの世論が関心をもつような問題に対する一定の質問に答え」るだけでよいというのだった。さらに、専門的にではなく、簡潔にまとめ、そして英語を使用せよという。歓迎する論題は、「神、人間、人間の神に対する関係、女性の役割、教育、社会道徳」であった。アメリカのキリスト教界は、各宗教の真理などは、他の宗教を知らない聴衆には難解というより、むしろ邪魔だとしたのである。

こうした世界会議の場合、開催国が主導権を握り、自国に優位に仕組むことは当然だろう。それでも参加した代表者たちは、たとえ「足枷」があったにしても、万国宗教会議という檜舞台で、信奉する「独自の真理」を説いてみせるという高揚と自信とをもって臨んだ。キリスト教の挑戦は受けて立たねばならない、と。

宗教会議にはイギリス、スコットランド、スウェーデン、スイス、フランス、ドイツ、ロシア、トルコ、ギリシャ、エジプト、シリア、インド、日本、中国、セイロン（現・スリランカ）、ニュージーランド、ブラジル、カナダ、アメリカ合衆国の十九カ国が参加した。

宗教は、有神論、ユダヤ教、イスラム教、ヒンドゥー教、仏教、道教、儒教、神道、ゾロアスター教、ローマ・カトリック、ギリシャ正教、プロテスタントの諸宗派で、十六の宗教である。招待されたが辞退した国もあったかもしれない。それにアメリカは、世界のすべての宗教を招待したのではなかった。ネイティヴ・アメリカンやアフリカの人たちは招待されず、彼らの宗教は「科学部会」のいくつかにまわされ、そこで発表されただけだった。

アメリカをはじめ各国の代表者は、それぞれがめざすものと、ある狙いとをもって参加している。そして、講壇に上がる人たちは皇族、貴族、博士、教授、大僧正、僧正、貴婦人であり、それぞれが大家だった。聴衆はといえば、ただ見物に集まった人たちではなく、皆が宗派・教団の会員資格をもつ「護法者」や「受理者」であった。

九月十一日からはじまる会議のために、八月四日に横浜を出航した船は十六日にはバンクーバー島のヴィクトリア港に着いた。そこからカナダ太平洋鉄道に乗り換え、シカゴに着いたのは二十一日の夜だった。日本仏教の代表として参加したのは釈宗演（臨済宗円覚寺派管長）、土宜法龍《どきほうりゅう》（真言宗高野山大学林長）、蘆津実全《あしづじつぜん》（天台宗）、八淵蟠龍《やつぶちばんりゅう》（浄土真宗西本願寺派）である。その他に平井金三《きんざ》（神智学者・英学者）、柴田禮一（神道系実行教）、小崎弘道《ひろみち》（プロテスタント教会牧師）である。通訳として野村洋三、野口善四郎が同行している。

野村は円覚寺の宗演のもとで参禅に励んでいた人で、その坐禅仲間には鳥尾得庵や早川千吉郎、鈴木大拙などがいた。野村は後年、横浜に「サムライ商会」という大きな貿易会社を興し、フェノロサやモースらとも親しく交わる。野口善四郎は神智学協会のオルコット大佐と親交があり、国際社会で活躍していた。野村と野口は英語に堪能なのはもちろん、社会的にも適応力が高く、国際的な視野も備えた人物であった。

平井は一年前に単身渡米し、アメリカ、カナダ各地で、英語で日本仏教に関する講演活動をし、日本仏教の代表者たちのアメリカ到着を待って合流している。万国宗教会議への参加は、日本仏教の代表者としてではなく、日本からの神智学の代表としてであった。平井は臨済宗妙心寺で得度しており、晩年にはユニテリアン運動に参加するという、ユニークな宗教者であった。

十九世紀末、世界で初めて開かれた万国宗教会議の様子を、宗演は野村洋三の目録をもとに

『万国宗教大会一覧』として残している。それによると、シカゴに着いた一行は、まず宗教会議議長ジョン・ヘンリー・バローズを訪ねて到着を報告すると、会議で配布するためにもっていった清沢満之『宗教哲学骸骨』、赤松連城『真宗大意略説』、黒田真洞『大乗仏教大意』、西本願寺海外宣教会『真宗綱要』、新居日薩『日蓮宗大意』、松山松太郎『四十二章経』などの英訳や『大蔵経』全四百巻を贈り、翌日には博覧会を見学している。

博覧会の規模を見た宗演は、「十九世紀物質的文明の華を以て織り出されたる一幅の活画とも見て好からんか。試みに、この博覧会の経費はいかほどかと問うてみると、三千万ドル余り」ということだった。物質的文明は高価である、と驚愕している。

日本は官民あげて、このシカゴ万博に周到な準備をして臨んでいた。諸外国との交易推進という目的があり、また文明国であることを、またなろうことなら一等国となるべき存在であることを示さなければならなかった。前年の冬から日本人の職人二十五名と、資材を送りこみ、宇治の平等院鳳凰堂を模した日本館「鳳凰殿」と日本庭園を建設したのである。またメイン会場のいくつかの館において、美術品と工芸品の他にも、船舶から盆栽まで幅広く日本の文化を紹介した。

宗演は参加した諸外国の会場を見てまわり、「遠きはオーストラリアの牧場より、堅氷厳しく鎖せる北洋のエスキモー人……イタリーの大理石抗の如き、ケープコロニーの駝鳥園、及びブラジルの鉱物の如き、皆此博覧会に向かって、競争推し寄せ来れり」とシカゴ万博に競って参加した国の様子を記している。それだけではない。日本、中国の諸都市の伝統を担う優美な美術家、リヨンの絹布職工、カシミアの肩掛製造者、ケンジントンの意匠家、メキシコの銀鉱採掘人などが、「西より、東より、南より、北より、皆目を張り、踵を接してコロンブス博覧会の大舞台に飛び踊り、叫び震へり」とある。その殷賑《いんしん》、混雑、熱狂ぶりが目に浮かぶではないか。この日だけでも入場者は六十万人という。シカゴ万博には独立国三十九と属国四十三が参加していた。

博覧会の賑わいと同じように、万国宗教会議もまた盛況だった。アメリカがこの万国宗教会議に、日本やインド、中国の宗教代表者を招待したのは、「世界の偉大な歴史的宗教の指導者たちを、史上初めて一堂に会合せしめること」の成功を、国民の目に訴え、知らしめる効果も計算されていた。その思惑通り、美しい絹の袈裟を着た日本の仏教代表者にアメリカ人は魅了される。他にも、儒教と神道の代表のこれまたあざやかな絹の衣裳、セイロンの仏教代表者の純白のローブ、ヒンドゥー教代表の黄土色の法衣、これらがダークスーツを背景に花開いたかのように見えたであろう。金襴の袈裟は僧侶たちの位の高さを示すものであり、紳士的な印象を与えたと、新聞を飾るのも、いつも仏教代表者たちのいでたちだった。『シカゴ・タイムズ』は開会式の翌日、次のように書いた。「……檀上の東端に座っているのは……日本からの代表者たち。その高価な絹の法衣はきめ細やかに織り上げられていて、色彩と陰翳がふんだんに混じりあって豪華であり、遠くから見るとまるで暗色の庭に置かれた花瓶のようであった」と。「花瓶」のまわりには、エキゾチックで物珍しい花々が咲き誇る。これでこそ万国宗教会議であることを、アメリカの主催者たちは誇ることができたのだ。

また別の日には、宗演は蘆津と共にダウンタウンを訪れた。二人のいでたちを見た市井の人々は、いったいどこの国の、何人なのかと訝しがるばかりか、怪しまれる始末である。「中国人だ」いや「日本人だ」と、口論に及ぼうとするその遠慮も配慮もない口吻と、好奇心むきだしの視線を浴びた。宗演はしかし、これしきのことには驚かない。セイロンで嫌というほど経験済みである。四人の僧はそれぞれの宗派の正服を着用しているが、十九世紀シカゴの街頭で、どれほどの異彩を放ったか。おそらく珍獣奇獣を見る眼差しであったろう。

万国宗教会議には、宗演がセイロンで面識をえたダルマパーラも出席していた。白衣をまとい、黒い長髪と、金縁の眼鏡の奥の炯々《けいけい》とした眼光をもつダルマパーラと宗演は、まずは合掌三拝、互いの健康を祝し、再会を喜びあった。「今回の大会議のように大勢のキリスト教徒の前に立ち、わが仏教を説くのは歴史上初めてのこと、コロンブス・ホールの一室で、キリスト教徒とわれら仏教徒が出会い、願わくばブッダガヤの霊地で仏世尊が説いてくださった昔を再演できれば」とダルマパーラはいう。彼もまたブッダガヤ復興運動を踏まえ、仏教を世界に広めようとする強い思いでシカゴにきていたのだった。

開会式の当日の朝、仏教代表者四名はそれぞれの正服である金襴の袈裟を着用し、馬車二輌に乗って会場の美術館に向かう。午前十時開会。コロンビア博覧会会場で、鐘が十回、高らかに鳴った。十の宗教の代表を歓迎する鐘であった。案内されてコロンブス・ホールに入る。ローマ風の彫像をそこここに配した、天井の高い殿堂であった。それがすでに四千人の熱気に包まれている。いよいよ会場を埋める群衆との対面である。

ビレッタ帽を被り、赤い衣をまとったローマ・カトリックの大僧正を先頭に、宗演一行を含む各宗教代表二百余人が会場に入るやいなや大きな拍手に迎えられる。そのうち五十九人の代表が聴衆と向きあうように壇上に並び、椅子に座ると同時にオルガンが響き、一群の女性がわき上がるように二曲の賛美歌を歌った。その間、聴衆と代表者たちは起立している。だが、宗演とダルマパーラの一行は起立しなかった。

まず、ローマ・カトリック教会のギボンズ枢機卿の祈りによって幕を開ける。続いて、二百人を越える各宗派、代表者が紹介された。シカゴ万博全体の会長であったH・M・ヒギンボーサムの開会の挨拶、併設された一連の世界会議の議長であるボンネーと万国宗教会議の議長バローズの、開会の基調を示す講演と続く。

ボンネーは、こう述べた。

「ご来場の諸氏、わがアメリカは自由の国であります。ことに宗教に関しては、自由でありかつ寛容であります。物質文明には先進・後進の差がありますが、われらの精神的世界には、その宗教、人種、国土、風俗の違いを見ることはなく、同じ場所、同じ愛で育てられた兄弟の如く、互いに助けあって、これを人為をもって阻害しないことが肝要であります。今、時はきた。私は全幅の真心をもって諸氏の心ある賛助に感謝し、あわせて世界未曾有のこの大盛事がシカゴ府で開かれることに祝意を表したい」。そして、この会議を、あらゆる反宗教的勢力に対する、すべての宗教の側の協同と共闘を目的とするものである、と位置づけた。一言一句、途切れるごとに拍手喝采がわき上がる。

次に、宗教会議の議長、バローズの開会式の挨拶。

「ご参集の皆様、今回の大会合は、ありふれた演説会ではないのです。歴史上まことに特筆すべき、おそらくは千年経とうが消えることのない出来事なのであります。……諸氏、願わくば一宗一派の偏見を捨て、互いに敬愛し、真理を生命として健全であらんことを、安らかであらんことを。ここに満福の歓迎の意を表し、あわせて諸氏の幸福を祈念するものです」。

バローズは、この会議においては、互いに他の参加者への中傷、批判、そして妥協を排すべきこと、またそれぞれに自己が信じる内容を語ることに集中すべきことを告げた。つまりこの会議の基調は論争にはなく、互いに異質な宗教を代表する他の参加者と学びあうことを目的とするというのである。

バローズは、シカゴ第一長老派教会の牧師であり、シカゴ大学宗教学科に属する神学者でもあった。そして、晩年を伝道活動に生きた人である。宗演は、バローズが教授という肩書をもつ宣教師だと知っている。慶應義塾で、英米の大学を出た博士が学術の看板の陰で、巧みに布教しているのを宗演は見てきた。バローズの発言を、宗演が文字通りに受け止めることはなかったはずである。

さて、世界宗教会議によって、アメリカのキリスト教界はキリスト教の威信を回復し、バローズらの夢は実現に一歩近づいたといえるのだろうか。それとも仏教代表者が考えたように、日本の仏教を世界に広める好機となったのだろうか。

次いで祝辞が続く。各宗教それぞれを代表する挨拶として、日本からは神道の柴田禮一の挨拶をバローズが代読する。日本仏教を代表して通訳の野口善四郎が挨拶した。

中国の書記官が登壇すると、満場は総立ちである。騒然たる喝采拍手の中、聴衆の打ち振るハンカチーフが翻る。宗演は、「冬ならざるに何の雪かと訝《いぶ》からる」と書いた。宗演はいつも思ったままを、感じたままを記す。冬でもないのに何の雪かとは、なんともいえない可笑しみと少しばかりの揶揄を伝えてくるではないか。

中国の演者に対するこの熱狂ぶりを、紹介者が特に説明した。

「わがアメリカは、常に中国に対して親切ではなかった。それなのに彼の情け深い大国帝王は、特にこの席に代理を遣わし、われらに帝王の教えを聞かせてくださるという栄誉を与えられた。諸君、盛大なる歓迎を」。

セイロンの代表としてダルマパーラが立ち、この会議を二千百年前のパトナでの宗教会議になぞらえた。アショカ王が招集し、二千名の宗教者が七カ月にわたって議論を闘わせたといわれる会議であった。

ようやく開会式が終わったのは午後三時である。宗演一行は空腹と疲労に耐えられず、宿舎に帰った。こうして世界に向けた布教の幕が上がったのである。

その夜、外国からの参加者を歓迎するレセプションがバートレット邸で開かれた。万国旗が飾られた邸内の様子を、宗演はこう記す。

「室内の全面に十六カ国の国旗が飾られ、その奥まったところに椰子林を擬した一隅をつくり、その木陰から音楽が流れ出てきた。来会者は千五百名。……二階から降りると、千五百人の人、こもごもに歩み寄って握手と挨拶。この上なく忙しい。交際に馴れないわれらは、大いに逆上の気味。やむをえず、次の間から廊下にでる。どこもかしこも人の山、さながら人の川を渡るようだ。しばらくして立食室に入り、アイスクリーム、菓子などの饗応を受ける。ようやく一息ついた。ふたたび、もとの群衆に混じる。この夜は、シカゴ市内の有力者のほとんどが来会したとのこと、この夕べの会は、とくにわれらとダルマパーラ氏のために設けられたとのことだ。十時半頃、宿舎に帰る」。

開会式での群衆との対面は体験したことのないものであったが、「交際に馴れない」宗演一行にとっては、このレセプションも目眩のする経験であった。日本で鉄道が敷設されて以来、不特定多数の人と顔を合わせるという社会経験の時代がはじまったといわれるが、これはスケールの違う経験だった。

宗教会議開催の十七日間の間、演説、質問、懇話、礼拝、夜会、訪問などが続く。宗演はやむをえないとき以外は、会場で各宗派代表の演説を聴いている。

二日目、講演がはじまった。カトリック枢機卿がユダヤ教について、インドの大学教授がインド哲学について講演する。演説は続く。この日の演説で宗演が唯一『万国宗教大会一覧』に記載した短文にはこうある。ドイツの哲学者のものである。

「私の宗教は新宗教であり、新信仰にして、私はそれを『意志教』と名づけています。私は永世を、滅びないということを望んではいない、極楽もなく、地獄もなく、また大仰で根拠のない神の存在も信じず、認めない。ただ清らかで穢れのない良心を信じ、これを掲げる者であります……」。

講演初日からこの哲学者は、キリスト教至上主義のアメリカで、神の存在を否定した。

講演中、宗演は四千ほどの聴衆を観察していた。彼らは数時間の講演にも厭きることなく、演者が滔々と忌憚なく自らが信じるところを述べ、信じる理由を述べて去り、また現れて自由自在にその所説を主張しても、たとえその宗教がキリスト教を信奉するものでなくても、彼らは惜しみなく賛辞をおくり続けている。それはキリスト教国では、かつて見られたことのない光景に違いなかった。かつては宗教改革者がキリスト教の欠点を指摘し、宗議の誤りを論じようものなら、たちまち異端者、謀反人とされて刑に処せられ、拷問の果てに、大抵は無惨な死を迎えたものだ。宗演には、それが遥か昔のことのように感じられるのだった。どの国の代表者も、バローズから示された原則を踏まえている。聴衆はそれを知らない。それにしても、これがアメリカという国なのか。それともアメリカのキリスト教に変化が起きつつあるのか。宗演はただ聴衆を見つめている。演者それぞれの英訳されたペーパーは配布されていたのだろう。宗演は、他の宗教についての知識も豊富で、それらの演説に新たな発見はしていない。もっぱら聴衆の反応に関心を示しているのだ。

会議三日目に登場したインドの学士は、インドの寡婦が夫の屍骸を焼く時、猛火の中に身を投じて死ぬという野蛮な風習に触れ、早婚による夭折の弊害や、少女にして寡婦となったものが再婚すれば人生の恥辱となるなどの因習もあり、これらを改めることが喫緊の課題であると述べた。少しずつ改善されはじめてはいるものの、こうした陋習からの救済のためにはキリスト教、仏教などの力を借りなければならないと、切々と訴えた。宗演は、氏の演説は温順なトーンなのにもかかわらず、しごく老練なもので、一言一句が聴衆に感動を与えたと感服している。演説の間、一貫して喝采が止むことはなく、ときには歓喜が溢れて満場総立ちになることもしばしばであった。

次に登場したギリシャ正教大主教は、高踏的な内容を述べているのに、英語が堪能でないためギリシャ語を併用した。それで調子が悪く、聴衆が厭きてしまって、欠伸も出てくる。これにはさすがの名僧も顔色を失った。

日本の仏教界を代表する五人はどうだったのか。この五人、必ずしも手を携え、和気藹々として参加していたのではない。日本の仏教界を代表する同志とはいえ、異なる宗派の間には歴史的な経緯もある。日常に戻れば、ライバルである。たとえば、研究者ジェイムス・E・ケテラーは、八淵蟠龍（浄土真宗西本願寺派）が、宗演と土宜法龍（真言宗高野山大学林長）に激しい敵愾心をもっていたという。「さほど該博な学問的教養のなかった」八淵は、二人の言動を、その学識や社交性を、「文明化された姿」で西洋人に印象づけようとする企みだと軽蔑していた。帰国後は、特に宗演の「スタンドプレーを批判した論評を数冊刊行」するという念の入れようであった。ケテラーはこれに関連して、土宜と釈は太平洋を横断する間に甲板で漢詩を詠んでいたと記す。釈は一等船室で旅をし、食事はいつも自分の部屋で一人で摂っていた、と注釈を入れている。「激しい敵愾心」とは、このことに由来するのかもしれない。横浜出港からアメリカ到着までを記した宗演の『渡米日記』の八月四日には、「エンプレス・オブ・ジャパン号上等第三十四番室に投ず」とあり、九日の夜には食堂で音楽会があったが、宗演はそれに参加せず、「中等室に往きて、一行諸氏と懇話す」とある。宗演が一等室を利用したのは間違いないだろう。

果たしてこれは高僧の驕りだろうか。なぜ宗演だけがファーストクラスを利用していたのか。慶應義塾で洋学と英語を学び、西洋科学や世界情勢などの知識を得たが、同時に世間知も身につけている。また、慶應義塾へ入るときも、セイロンへ遊学するときも、宗演は師の洪川に有無をいわさぬよう、周到に準備していた。ここからは宗演の、戦略を練るに長けた能力が浮かび上がってくる。またシカゴ万博の規模を知るために、その総経費を尋ねるなど、禅修行では身につかないと思えることも、宗演はやってのけている。

だとすれば、横浜を出港するときから、ライバルの一歩先をいく戦術が展開されていたのだろうか。ファーストクラスを利用するのは、力を示すものの一つではある。一団となって行動すると思いこんでいる他の日本代表に別格であることを意識させ、引き離し、圧倒させたのか。船室の階級にこだわるようでは、すでにそこで負けている。あるいは、宗演はまわりの者たちがお膳立てした通りに動いていたのかもしれない。禅宗には市井の弟子として時の支配層もいたであろう。募金で容易に資金を集め得たにすぎないともいえるだろう。

宗演は太平洋上で、漢詩も詠んだが、『渡米日記』には、細々した些事の記録もある。毎日の天候や船の走行マイル、船の現在位置の記録、その日の出来事……。甲板に出ても、海原が広がるだけである。霧の深い日が多く、そんな日には室内で持参してきた宗教上の諸書を読む。船ではさまざまな催しものが準備されていたが、参加したのは運動不足を補えるものだけだった。

船には偶然にも、小松宮依仁親王が乗船していた。戊辰戦争では奥羽征討総督となった陸軍軍人である。宗演は親王が軍事視察のため、欧米巡遊の途にあることを秘かに聞きだしている。そしてその翌日には親王の随員の一人、長崎省吾に身分を明かし、彼を通じて依仁親王に拝謁しているのだ。これは抜け駆けだろうか。宗演はさらに、夜には長崎ら随員三人と喫煙室で会話する機会をもっている。これは一等船室にいるから可能なことだった。その他にも甲板で知りあったセイロン島の行商人と会話し、また野村を通訳者にして、英国貴族から日本に対する感想などを聞いている。旅を楽しんではいるが、知的好奇心を満たしてもいる。けっして漢詩を詠んで、優雅にのんびりと旅をしていたのではなかった。

それに八淵のいうように、宗演はなかなかの社交家でもある。つまりコミュニケーション能力が高いということだ。さらにいうなら、依仁親王の随員の中から長崎省吾を選んでいるのも、彼の地位と性格を素早く見抜く抜け目のなさを思わせるが、これはむしろ、禅の修行を通してある境位に達した者のこだわりのなさ、自由さがもたらしたものではないだろうか。

開会三日目の九月十三日に登壇した平井金三は、「日本に於ける基督教に対する実況」という演題で講演した。宗演は、「学術と政論を折半して」、日本における不平等条約とキリスト教について述べたと記す。その演説はアメリカ人の意を汲み、心を摑み、大拍手大喝采だった。宗演によれば、平井は「訴ふるが如く、怨むが如く、責むるが如く」雄弁をふるった。

平井はまず、キリスト教が日本人に人気がない理由として、その植民地主義との結びつきを挙げる。日米不平等条約の実情を説明した上で、それがキリスト教モラルにもとるものであることを批判する。そして、次のように述べた。「私は西洋の書物を通して人権や国の権利について学んできた。他者を愛する感情に基づいた確固とした倫理観が人間の幸福を増進するということを熱心に説いている多くの書物を読んできた。キリスト教会とその信徒の多くが誠実に、人間にとっての善を追求しているのも見てきた。それ故、なぜ四十年もの間、キリスト教国が日本人の権利と利益を無視し続けてきたのかを理解することができない。……私のキリスト教批判の中心点は、教義と行いとの一貫性の無さである。これが改められないかぎり、日本人がキリスト教に入信することはないだろう。私は西欧の諸国家が気高い人間性と寛容さを具えていると確信している。……私が批判しているのは真実のキリスト教ではなく、誤ったキリスト教である。私は偏狭な仏教徒として、教派主義的な動機からキリスト教を批判しているのではない。私はキリスト教に対して最も辛辣な批判者である。しかし、同時に福音に対しては心から敬意を払う者である。万国宗教会議の目的は口先だけの宗教の統一ではなく、実践的な統一である」。

聴衆は皆、起立して帽子とハンカチを打ち振り、バローズは平井に歩み寄って握手し、ユニテリアンの牧師ジェンキン・ロイド・ジョーンズは平井を抱きしめる。

非キリスト教圏の代表者たちが述べたキリスト教に対する批判の中でも、平井金三の演説は最も注目を集めた。バローズは、万国宗教会議を締めくくる報告の最後に、「誤ったキリスト教に対する仏教徒の非難をキリスト者が熱狂的に受け入れたのを目撃した者は、宗教間の友情の新しい時代が確実に到来しようとしていると感じたに違いない」と述べている。

続いて神道の柴田禮一であるが、この演説でも騒動が起こった。柴田は日本神道の来歴を述べたあと、「我が宗教が実際に行うことは、富士山を拝み、それを実地に行う道理として、道徳上の義務を実修するが、その志気の高尚さは、日本第一の高山富士の如く、その心清さも同様である。その外形の端正なことも、また富士の如くありたいと努めるもので、日夜勤勉にして、富士を手本と拝むのである」。すると満場総立ちとなった。さあ、この聴衆をどうするのか、柴田は決着をつけなければならない。

「真理は一つあるのみ。世界は兄弟である。今後は戦いをやめ、お互い兄弟が親しむように、仲睦まじい中に雲がたなびくように、一つの家族のように生活できるようにすることが、私の終生の大願であり、私が今回遥か海を越えてやってきたのも、この大願のいとぐちを開くためである」。

この後、どうなったのか。翌日の日刊紙はこう伝えた。

「聴衆の女性が椅子と机を乗り越えて、高名なオリエントの人々を賞讃しようと迫った。……それから大きな喝采が響き渡り、演壇に怒濤のように押し寄せてきた。……騒ぎが起きたのは、神官がこれに対する真実の意味でのお返しとして、二人の女性を抱擁したことが原因であった。それは瞬間の出来事であったが、女性たちは頬に、神道の位の高い神官がキスしたのを感じたのである」。

柴田は喜びのあまり言葉もなく、泣きださんばかりだった。宗演は、「氏の演説もまた非常な賛成を得、演じ終わるや、紳士、貴婦人、氏を擁して接吻、握手、応接にすこぶる多忙を極めた」と書いている。

アメリカ人のこの熱狂ぶりはどこからくるのか。シカゴの街が誕生して六十年、南北戦争の終結からほぼ三十年、一八七一年の死者三百人をだし、街の三分の二が焼け落ちたといわれる大火から二十二年である。急速な近代化に向けて走りだしたシカゴは、若い街であったのだ。万国宗教会議の折り、シカゴはまだ一八七三年にはじまった大不況の暗雲のもとにあったが、そこからの脱出を願うエネルギーが、シカゴ万博に結集したのかもしれない。なにしろ、会期中三千万人が会場に押しかけたといわれるのだから。万国宗教会議の会場には、定員三千名のところ四千人が入ったとされる。これを収容するには、現代でいえば、後楽園球場か武道館ほどのスケールを必要としよう。国の急速な発展は、その国の人々の精神を危ういほどに高揚させるものらしい。そして、その熱気に応えようとする演者もさすが修養を積んだ強者《つわもの》揃いである。マイクもなしで四千人の聴衆の熱気に負けないだけの声量と技をもって登壇しているのだから。

九月十四日、土宜法龍が登壇する。「日本の仏教」という演題だった。まず大乗仏教の本旨を説く。「どこまで遡っても始まりはなく、終わりもなく、慈しむ心は満ちて、人は己れの心をもって己れの罪を智恵で包むこと、あたかも蚕がその身より糸を出し、身を包んで繭を造るが如し。罪人をもって仏の教理を手本として、己れを修めさせねばならない……」。

演説が終わったときに聴衆の一人が通訳の野村に尋ねた。「君には今の演説がわかるのか」。野村は「もちろん、わかる」と答える。そして、「君はどうだ」と訊き返すと「さっぱりだ」と答えたという。大乗の教えに聴衆は初めて接している。語彙も語法も初めて耳にするもので、わからないのも無理はない。宗演は、聴衆が理解できないのはまだ彼らに知識がないからであって、理解できる言葉で演説するべきだという感想を記している。日本で講じているものをそのままもっていっても、布教にはならないのだ。

九月十六日、八淵蟠龍である。八淵の演説「仏教」は十五分で終わったと、宗演は記す。特段、記録することはないとも。八淵を無視したわけではないが、記録するほどの内容ではなかったのだ。

宗演の「仏教の要旨併《なら》びに因果法」と題した論文は、八日目に発表された。九月十八日、曇り。「余が論文朗読の日なり」。宗演はこの日、在米の居士である土屋元作らを同伴して会場に赴く。会場はやはり多くの聴衆で埋まっていた。論文の発表が進み、いよいよ宗演の順がめぐってくる。「次は余なり」。宗演の論文は土屋が朗読するはずであったが、風邪で喉を傷めていたので急遽、宗教会議議長バローズによって朗読がはじまる。禅が初めて海外で紹介された。

聴衆はあらかじめプログラムを見てその日の入場券を購入しているので、満員のときもあれば、そうでないときもある。この日の聴衆はおよそ六千であった。

諸君よ。無限の時間に相続して、無際の空間に羅列する所の総ての品物は、何から出来たでありませうか。私の見る所に拠《よ》れば、蓋《けだ》し心的二箇の原因から出来上りたるものと思ふ。而《しか》して心的二箇の原因とは、性《しょう》と情との二でありますが、性は吾人が本覚《ほんかく》の真性でありまして、一切万物が住み家としてゐる理体であります。之れを大智度論《だいちどろん》には、一切の色法皆空分《しきほうかいくうぶん》あり。諸法の中皆涅槃《ねはん》の性あり。之を法性《ほっしょう》と名《なづ》くといふてあります。情は吾人が不覚の一念で、即ち妄想《もうぞう》の異名であります。之を大智度論には、五情の所欲と言ふてあります。其処で此一念不覚の心が起りまするると、自といひ、他といひ、能といひ、所といひ、様々なるものが出来るので、所謂《いわゆる》内に既に生ずる所の識想紛然《しきそうふんぜん》たれば、外に成する所風輪あり、水輪あり、金輪《こんりん》あり、地輪《ちりん》あり、結んで山石と為り、抽《ぬきん》で丶草木と為ると、経文に説いてあります。其処で又首楞厳経《しゅりょうごんきょう》には、迷妄にして虚空あり、空に依りて世界を立し、想の澄めるは、国土と為り、知覚は乃ち衆生と為る。空の大覚の中に生ずるは、猶ほ海の一漚《いちおう》の生ずる如しといふてあります。之れを詳しく申せば、衆生の有情なるものが正報《しょうほう》で、山河の無情なるものが依報《えほう》であつて、情と情との二報が、取りも直さず性情なる心的二箇の原因から出来上つたといふものであります。此通り法性《ほっしょう》が縁起して、万物が世界に現はれて来ると同時に古も今も、一物として生死の範囲を飛び越ゆることは能《で》きぬのであります……。

（諸君、無限の時間に繋がり、はてしない空間にあるすべてのものは、何からできたのでしょうか。私の見るところに拠れば、まさしく心の二つの原因からできているのです。すなわちその二つの原因とは、性と情でありますが、性はわれら生けるものに生まれながらにして具わっている悟りの真性であって、一切のものが住み家としている万物の本体であります。それを大智度論には、一切の形あるものは空であって、諸法の内なるものは皆、悟りを開く本性を具えている。これを仏法の根本、あらゆる存在に実体はないという真理そのものと名づけています。情はわれらが意識せざる思いで、妄想の別名であります。これを大智度論では五情（眼、耳、鼻、舌、身）の所欲といっております。そこでこの妄念が起こってくると、自分と他人とを区別し、能動と受動など、二元相対のさまざまな世界が生まれてきます。こうなると内には妄想が渦巻き、よって紛然として争いが絶えることはない。もともと一枚の世界であるのに、外に上下に階層をなす、空気、水、大地と、最下層をわざわざつくりだし、元来空であるのに凝集して山石があり、生え出でて草木があると錯覚している。このように経文に説かれています。そこでまた、首楞厳経には、心の迷いには空の境地があって、この境地によって改めて世界を眺めれば、澄んだ思考は極楽となり、衆生を悟らせることになるのです。空の悟りの中に生ずるのは、海が満ちてくるが如しといわれています。これを詳しく言えば、さまざまな感情をもって生きているのが衆生の姿で、精神作用の無い自然が大地であって、この情と情の二つの酬《むく》いが、取りも直さず性情の二つの原因から出来上がったというものなのです。この通り法性が、真如が起因となって万物が世界に現れてくると同時に、古も今も、一つの物として生死の囲いを飛び越えることはできないのであります）。

聴衆が身を乗りだすように聴いている。欧米人が日本の仏教に関心を示している。

宗演は、禅仏教の根本である「悟り」の内実を説明しようとしていた。私たちが住みこんでいる日常の世界は、感性や情念によって自と他、主観と客観、能動と受動などの二元に対立する相対の世界だが、その迷妄の世界もまた生まれながらにして具わっている本来の情と本性との働きである。すなわち私という存在も、自然と大地も、空が、法性真如という働きが、めぐりめぐってつくりだしているものなのだと、因果と縁起の理法を説明していく。「原因と結果の法則」からなる因果法は、「自然の法則」であるとし、私という意識も、大地という自然も、空によって生じていて、すべての事柄が縁起によって、因果すなわち原因と結果によって支配されていると説いた。人間界の営みも、宇宙の原理である「因果法」によって支配されているというのである。すなわちあらゆる事柄は、超越的なるものの意志とも、人間の意志とも独立した因果の理法によって生じ、世界はそのようにして構成されているとした。これは、西洋近代科学の因果律が支配する世界像と並行する、あるいはそれに遥かに先行して成り立った仏教の根本原理なのだ、と主張した。宗演はこうして仏教が西洋近代科学の概念に合致する近代宗教たりうることをアピールしたのである。

拍手喝采であった。

この日の夕、宗演は通訳の野村と共に主人となって、土屋元作、渡辺龍、志賀重列のために帝国館で感謝の小宴を張った。土屋は豊後の人で土屋大夢居士という号をもち、宗演とは旧知の仲であった。渡辺は越後の出身で、すでに長くアメリカに留学し、イサカ大学哲学士となっていた。志賀は京都出身で、イリノイ大学の建築学科を卒業してアメリカの事情に通じていた。「三氏、予が演説の訳文につき共に力を添う」は、大拙が英訳した宗演の論稿に、彼らがさらにアメリカの聴衆が受け入れやすいように手を入れていたのだ。禅の修行をした土屋がいたのは幸運だった。鎖国が解かれたことで渡米した彼らは、アメリカの文化や事情に通じている。聴衆に未知の仏教を受け入れさせるためには、その聴衆に合わせた演説でなければならないと、宗演は考えたのである。

野村とは渡米以来、苦楽を共にしてきた間柄である。慶應義塾で寝食を共にした者、また早稲田の文壇で学んだ仲間だったという関係の者同士もいる。つまり五人にはそれぞれに何らかのつながりがあった。演説の成功と会えた歓びに、五人は祝杯をあげ、語りあうのだった。

宗演にとっては初めての海外布教となった演説だったが、その興奮もまだ醒めていなかった。聴衆の拍手が胸を轟かせている。旧友との出会いの歓びもある。酒を呑み、思い出話をし、未来を語れば、笑いも起こる。遠い異郷のこの夜は、小宴の主人にも客にも、ひときわ親密で安らぐひとときを与えたのだった。

帝国館を出た宗演はワシントン公園を歩いた。「最も得意、愉快、幸福」が胸に充ちている。宗演はゆっくり歩きながら、この歓びを嚙みしめた。ケーブルカーに乗って宿舎に帰ったのは九時だった。

この日の最終の演者は、ダルマパーラだった。彼は「仏陀の教えを説き、人類の幸福と世界平和への願いを切々と説いた」という。ダルマパーラは万国宗教会議のスターになった。『セントルイス・オブザーバー』誌は、「黒いちぢれた髪を広い額から後ろの方へかき上げ、聴衆をじっと見すえる鋭い済んだ眼をして、よく響く声でしゃべり、演説を強調する長い褐色の指をもつ彼には、まさしく伝道者の面影があった……」と伝えた。またある新聞は、「ダルマパーラ氏は、宗教会議に集った面々の中で最も興味深い人物の一人である。いつも汚れない白衣をまとい、真ん中で分けてバックにまとめられたカールする黒髪、紳士的で洗練された顔つき。まるで彼は、私たちになじみ深い、イエス・キリストのポートレイトのように思えた」と彼の美貌についても書いている。

ダルマパーラは会議場とは異なる別室でも、男女百人以上を相手にその質問に答えている。彼の熱心で大胆な対応は質問者を満足させた。このダルマパーラの演説に感動したあまり、聴衆の一人が会議中に五戒を受けて仏教改宗者になっている。ダルマパーラは帰国してから以降、何度もアメリカを訪れて主要地をまわり、仏教に関心のある多くの知識人と出会った。彼もまたアメリカに南方仏教を伝える最初の人となったのである。

そして二十一日。蘆津実全の論文をバローズが朗読した。蘆津の演題は「仏陀」で、「三身の理より正覚不退転のこと」、つまり釈尊の三身、法身・報身・応身にあって、正覚すなわち悟りは揺らぎはしないことを詳述したのだ。喝采を博したが、仏陀の意味を理解していない者がその文章を朗読すると、乾燥無味になるということに宗演は気づいていた。宗演は英語を話せなくとも、理解はできた。宗演の記録に、蘆津の論文についての記載はない。

会議がはじまって十日あまり、拍手喝采のない日はなかったが、聴衆が演者を降壇させるということがあった。それはイスラム教のムハンマド・ウェッブである。演題は「イスラムの精神」。ここでウェッブは一夫多妻制を論じた。

「一夫多妻は、イスラム教条に必ずしも当てはまるものではない。イスラム教条がどこでも一夫多妻主義を広めると思われるのは的外れもいいところである。一夫多妻は、この国にとっても、またわれらの教理にとっても大きな汚点である。しかしながら或る他の場所では、好いこともあるのである」。

これには、ノーノーの反対の声がわき起こった。しかし、ウェッブはひるまない。

「理論と実際とを知らない者は、その善悪を、邪と正とを判断することを知らない。それならこの国の諸君、井の中の蛙のように狭い見識をもって、他国の境遇を判定することができるであろうか。私はあえていう。人がもし善良で清浄であるならば、穏やかな精神をもって、一夫多妻を実行していいのである」。

聴衆一同、ノーノーと叫びだす。それでもウェッブは満場の連呼妨害にも動ずることなく、さらに主張するという大胆さであった。

「一夫多妻はもとより清浄なる博愛的精神なのである。諸君、もし私のようにこの問題を理解すれば、一夫多妻者も勿論、キリスト教者といえるのである」。

一度、わき上がった潮は引きそうにもない。もう聴衆を抑えることはできない。ウェッブはついに口を閉ざして降壇した。この経緯を、宗演は淡々と記録している。聴衆が退席することは一日もなかったが、演者を降壇させることはあったのだ。

この宗教会議も終わりに近づいたころ、寒さの厳しい日があった。満場の聴衆は皆外套を脱がず、野外集会のようになった。ただ野外集会と異なるのは、彼らが帽子を被っていないことだ。この日、特に目立ったのは、ギリシャ正教大主教である。肥満で長身の体に、普段の倍ほどの衣装をつけていた。その姿を宗演は、「恰も布袋に厚蒲団を負はせし如し」と書いている。実にわかりやすい表現である。

この日、中国の天津からやってきた西洋人の牧師の演説があった。牧師は小柄な体に中国服を纏い、弁髪を垂れているので中国人のように見えた。その牧師が中国に於ける宣教事業の成り行きについて演説をはじめると、口角泡を飛ばし、熱意は燃えるようであった。その説は斬新なものではなかったが、天地を鳴動させるほどの喝采となった。それは牧師の熱心さと、彼の中国内地で舐めた艱難《かんなん》に聴衆が同感したものだと、宗演はその喝采を分析している。

また、シカゴ大学教授の「他宗に対する基督教の様子」という演説は、「いかなる宗教も、種々の真理を有していても、未だにキリスト教のように完備されたものはない。仏教の説明は読まれても、笑われるばかりだ。こうした説明の責任は仏教にあるのであって、仏陀にではない……」というものであった。宗演は教授の説を否定し、仏教の教理を誤認しているとしている。また、この人にしてシカゴ大学の教授という肩書をもつのは、プロフェッショナルの価値も落ちたものだと手厳しく批判してもいる。

このように宗教会議も博覧会に負けず劣らずの盛況で、聴衆の反応も活発であった。また、会議と並行して、各宗教、各宗派ごとの四十の分科会も開かれている。インド、中国、日本の各仏教徒だけで、コロンブス・ホールにおいて仏教大演説会を開いたのだ。寒気が肌を差すような日だったが、会場は満員で、これまた立錐の余地もないほどだった。この場では宗演の論稿はダルマパーラによって朗読され、聴衆の質問を受けつけた。

ところで、万国宗教会議が開催された十九世紀のアメリカには、いわゆる北伝（北方とも）仏教（大乗仏教）は伝えられていなかった。それに対して、南伝（南方とも）仏教（小乗仏教）はこの世紀のはじめからヨーロッパ経由で伝わり、知られていた。ほとんどのアメリカ国民はキリスト教しか知らなかったが。ヨーロッパ経由、すなわち仏教西漸に対して、初めてアメリカに大乗仏教を伝えることとなった万国宗教会議は「仏教東漸」の契機となったわけである。

先に紹介したように、清沢満之『宗教哲学骸骨』をはじめとする仏教書の英訳数千部を配布し、あるいは『大蔵経』全四百巻を寄贈するといった、この会議への日本仏教界の力の入れようもわかろうというものだが、これに加えて会期中、日本仏教への質問に答えるための別室を設けることまでしている。ここで力を発揮したのが、会議に先立って渡米していた平井金三であった。英語に堪能な平井は、日本仏教界のために大いに貢献したのである。

論文に多くの縛りはあったが、初めての海外布教には成功したと、宗演は思った。この成功によって多くの知己を得るという収穫もあった。中でもイリノイ州ラサールの哲学者、ポール・ケーラスとの出会いがそれである。宗教会議の委員であるケーラスは、日本代表の講演が終わったあと、代表者に面会にきた。彼は近代社会における科学と宗教の整合性を追求した、アメリカの宗教啓蒙家でもある。仏教代表者の前に現れたケーラスに、言語の壁はあるものの、宗演は強い関心を抱いた。そのように感応した者が他にいただろうか。ケーラスは宗演たちの講演を聴き、仏教こそが近代科学に適合する宗教であると高く評価している。彼は博識で立論も正確、引証は明晰、話の理解も速いという人であった。

ケーラスは牧師の父のもと、ドイツに生まれている。牧師をめざして大学で博士号を取得したが、牧師にはならず、一八八四年にアメリカにわたり、ニューヨークで雑誌の編集者として「宗教と科学の統一」を標榜していたが、ヘーグラーというドイツ系アメリカ人の資産家に気に入られ、その後、ヘーグラーの娘と結婚した。ヘーグラーはオープン・コート社という出版社を設立し、『オープン・コート』『モニスト』を出版しており、ケーラスはその編集者でもあった。

宗演によれば、初対面のケーラスは、「炯々《けいけい》たる眼光、偉大なる五体、鐘の如き音声」であったという。たしかにケーラスの眼差しは鋭い。しかし、鼻の下に蓄えた髭と顎鬚が顔を包んで、その眼差しの強さをやわらげている。眼光の鋭さをいうなら、宗演の目もまたケーラスに強い印象を与えたのではなかったか。

そのケーラスに招かれて、夕方五時、宗演は土宜と野村と共に百マイル離れたラサールに向かった。シカゴを出ると見渡すかぎりの沃野が連なり、果てしなく広がる牧場、広大な田畑、どこまで続くのかわからない深い森、雄大なアメリカ大陸の風景が宗演の胸を打つ。肌の色は違っていても、めざす道は一つ。天上に輝く真理の月を見よ。清らかな光が虚空に満ちている。昂ぶった宗演は吟じずにいられない。

人有紅黄又黒白　　人に紅黄又た黒白あるも
道無北南与西東　　道に北南と西東なし
不信請看天上月　　信ぜざれば請う天上の月を看よ
清光透徹大虚空　　清光透徹す大虚空

野村洋三が訳してケーラスに渡すと、彼は我が意を得たりと、宗演と土宜に握手を求めてきた。その手の感触に宗演は禅がアメリカに受け入れられることを確信した。翌日の会議を欠席してラサールに向かったのは、宗演と土宜と野村の三人であった。宗演は他の者の名前を記していない。ラサールでは、ケーラスは夫人の父親の家に同居していた。父親という人は当時のアメリカにおける需要の大半を供給するブリキ製造工場の社長をしていて、イリノイ州屈指の富豪であった。ケーラス夫人はその長女である。ラサールに着いたのは午後八時半。樹木に囲まれた四階建の石造りの家は、静寂の中にあった。この夜、アメリカにきて初めて雨が降った。この雨もまた、いかにも豪快に降る。宗演は雨嫌いだったが、この豪快さは心地よいものだった。翌日、朝食の後にそのブリキ製造工場を見物した宗演は、その広大さに驚いている。工場の敷地の中に炭鉱があった。これもアメリカなのだ。

ケーラスとは夜十一時まで談論を交わす。宗演に一つのチャンスがめぐってきたのだ。なんの「足枷」もない。通訳を交えても互いの会話の温度は下がらない。ケーラスの抱く説は、仏陀の教えに符合した。宗演は遥か遠い異国で知己を得、同じ真理の月を視た。ケーラスは禅の種を受け入れる大きな器だった。しかも実りを予見させる土も水も溢れんばかりにあり、発芽を促す陽はさんさんと降り注いでいる。芽はやがて種を結び、アメリカ中に飛んでいくだろう。ケーラスの心を摑んだのは、宗演の熱意と積極性である。

翌日、汽車でシカゴに戻ると、午後には会場に入った。万国宗教会議も終わりに近づいていた。宗演と土宜が万国宗教会議を抜けて欠席し、通訳の野村と共にラサールに向かったことは八淵の耳にも入っただろう。帰国後、宗演のスタンドプレーを批判したのには、このこともあったのかもしれない。

いよいよ閉会式の日。夕刻から会場に向かえば、七時ごろには技術館の前は「雲霞の如き大衆」である。入場券検閲係りが混雑を避けるために扉を閉めて、五百人ずつ入れる有様となった。宗演一行は案内されて後門から入らねばならなかった。すると場内には数千の聴衆が待っている。八時になると、コロンブス・ホールはもう一人たりとも入れる余地はない。仕方なくワシントン・ホールを開いたものの、すぐに溢れて治まりがつかない。こうなると遅れてきた者には不運と諦めさせて、出入口を閉鎖してしまうしかない。しかし、それでも戸外の人は退散しようとしない。それは演者が帰るとき、せめて握手や目礼で、別れの情を交わしたくて待っているのだと教えられる。

まず唱歌が鳴り響いた。唱歌は正面および左手に女子隊が約七百人。右手に男子隊が約四百人あまり。賛美歌を演奏し、合唱すると、聴衆は粛然とするのだった。この日、祝辞を述べる者二十四名が、次々と登壇する。ロンドンの聖公会の代表にはじまり、インドのヒンドゥー教革新運動の代表者、演劇人でもあったロシア貴族。祝辞、祝辞、祝辞……なにしろ二十四名である。

こうして宗演の『万国宗教大会一覧』は終わっている。大拙はのちにアメリカに十年滞在しているとき、現地でこの万国宗教会議の様子を聞いてこう記している。

印度人は語学の天才で、雄弁・高論をやる、その上印度思想の幽遠なところを滔滔としゃべり立てたので、基教の外、世界に何の宗教もないと思って居たものにとっては、千年の夢一時に醒めたと云う塩梅であったに違いない。仏教者はそれほどに光彩を放たなかったが、今までの基教的伝統・因襲に飽きたらずに居たものは、喜んで仏教に耳を欹《そばだ》てたのである。

この会議の成功は、たしかに仏教、ヒンドゥー教、イスラム教の代表者が、東洋の宗教の存在をそれぞれ堂々たる演説で示したところによる。

シカゴ万博は大成功に終わった。入場者数は約二千七百五十三万人で、当時のアメリカ国民の約半数におよんだ。シカゴの都市としての成長はやがて労働力不足を生み、南部から多くの黒人が流入するようになる。家屋の不足からスラム街が広がり、白人との緊張も高まっていく。シカゴ万博が開催されたときは、この都市の発展の頂点だったのかもしれない。

宗演は万国宗教会議が終わったあとも、ケーラスの招きを受けて一週間ほどシカゴに留まった。その後、宗演は通訳の野村とも別れ、土屋元作と各地をまわる。日本の参加者と別れ、土屋とめぐるアメリカで宗演は旅の快楽を満喫したのではなかったか。宗演は単独で帰国することになる。

帰国した代表者たちは英雄であった。祝賀会あり、報告会あり、それぞれに各地を遊説して、驚くばかりの物質的繁栄を見、かつそこで仏陀の教えの喧伝に成功したと報告したのである。宗演も帰国後すぐに横浜の増徳院で帰朝講演をしている。

「諸君、私が今日米国シカゴ府に開設せしコロンビア世界博覧会附属万国宗教大会に出席して、上仏天の加護と、下有志諸君の賛同とに依り、未熟ながら仏の使命を全うして、ここに帰朝し、今日目出度諸君と喜眉相接するは、私が半生の履歴中、最も得意、愉快、幸福等の文字を以て、胸中に充たされたる一大光栄の日と思う」と語りだしている。この「半生の履歴中、最も得意、愉快、幸福」は、万国宗教会議において論文の朗読が終わったときに受けた熱狂的な拍手喝采の余韻でもあっただろう。そして宗演は、博覧会と宗教会議について詳しく報告し、自身の布教の結果をこう評価している。

「特に吾等が今回の会議に於いて、少くとも内外人の注意を惹き起せしものは、日本帝国民が尊皇愛国の精気に富めること、仏教がいかなる程度まで、日本国民の精神を支配して、古今の国主に関係を及ぼしたること。仏教は世界的宗教にして而かも現在の科学、哲学と密合せること。大乗仏教は非仏説なりと云うの妄想を打破せしこと……等となります」。

仏教という日本人の宗教を顕揚し、諸外国に伝えることになったことがそのまま国威発揚に繋がることを強調しているが、明治維新以来、仏教が廃仏毀釈から衰退の道をたどってきたことと、そこからの脱却が強く意識されているのだろう。「仏教は現在の科学、哲学と密合する」というところには、世界布教に向けて仏教を脱皮させ、近代仏教へと転換させたいという念願がこめられているといえる。「大乗仏教は非仏説なりと云うの妄想を打破せしこと」には、大乗は仏陀の、あるいは釈迦牟尼の本来の姿と言葉を伝えていないという流布した俗説を否定し、上座部仏教（小乗）と大乗の統合という年来の夢を追い、仏教東漸の大志が緒についたという意気がうかがえる。そして宗演は、こう締めくくる。今回の宗教会議において、われらはただ仏の使命を全うして帰朝しただけである、と。宗演は世界の檜舞台に立ち、禅を講じた最初の僧侶となったのでである。

本山の反対を押しきって渡米した八淵も、帰国後に東京神田で開いた報告会において、これまで仏教徒の洋行は学ぶためであったが、この会議では仏教について教えることができたと意気揚々と報告している。また八淵は、事前にはこの会議への参加に対して日本仏教界に強い反対があったことを挙げ、結局は一神教の神をもちだして他宗教を屈服させようというのでもなく、キリスト教の自己宣伝に尽きるものでもなかったと強調した。報告書では、バローズに直接、議事日程や運営に関して質したところ、「予どもの予想とは大いに違う、すこぶる寛大自由な組織でありますす」とし、各宗派がそれぞれに具わる特質を開陳することを可能にした、「真に万国宗教の一大公開」という面もたしかにあったとしている。ちなみに万国宗教会議のあと、その影響化に明治二十九（一八九六）年、日本において宗教者懇談会が設立され、その第一回の会合には宗演も参加し、翌年に開かれた第二会懇談会には、来日していたバローズが参加した。とはいえ、『キリスト教によるアジアの征服』（一八九九年）という著書をもつバローズが、キリスト教による宗教の統一という夢をもつコスモポリタン主義者であることもたしかであった。

さらに八淵の師にあたる中西牛郎《うしお》は、この万国宗教会議が宗教界全体にわたって及ぼした影響を、十項目にまとめている。その中からいくつかを挙げてみる。

第一、宗教会議は無神論者若くは非宗教者に対して宗教の大勢力を示したること。

第二、宗教会議は宇内諸宗教者の平和的交通を開きたること。

第六、宗教会議は是迄《これまで》我れこそ世界宗教の盟主なりと自ら傲慢する耶蘇教の地位を剝奪して之を他の価値ある宗教に分ちたること。

第八、宗教会議は宗教相互の関係に於ける真理を一般学者に知らしめたること。

第九、宗教会議は世界平和進歩の源は宗教に在ることを天下に知らしめたること。


仏教改革論者の一人でジャーナリストの中西は、明治二十二年に『宗教革命論』を刊行し、「護法居士」と呼ばれるほど著名な存在になっていた。中西の十項目は、八淵の話やもち帰った資料をもとにつくられたものだろう。八淵への援護射撃だろうが、仏教界に与えた影響の大きさが想像できる。中西のいう通り、出席者はただ布教に成功しただけではない。宗教の力を示し、世界の諸宗教が会合し、対話することの重要性を認識せしめた。そのことは仏教代表者のその後の行動に痕跡をとどめているだろう。全員が、その経験をもとにして、出版を果たしている。また土宜、蘆津、八淵はそれぞれに、アメリカ西海岸にある日本移民のための寺院の活性化に力を注いでもいるのである。

万国宗教会議の終了後、主要な講演約百二十点（一部は要約のみ）が収録された講演録『万国宗教会議』が編まれた。日本からの参加者の講演はほぼすべて掲載されている。これは現代にいたるまで、アメリカの宗教史、仏教史を研究する上で、なくてはならない一次資料となっている。このことは万国宗教会議の開催が、当初アメリカのキリスト教界が目論んだキリスト教の威信回復よりも、仏教と他の宗教がその存在を主張し、アメリカに流入するきっかけとなったからであろう。バローズは会議後、自著の中で、日本は「野に咲く桜であり、西洋文明の曙光を受けて輝いている」とその感動を記した。「西洋文明の曙光」を入れることで、比較優位に立つことを忘れないが、おそらく主催者側も参加者も、それぞれが達成感をもち、それぞれの仕方で凱歌を上げたということなのだろう。

万国宗教会議での功績は、臨済宗円覚寺派管長釈宗演の名を仏教界だけでなく、政界、財界にも広く知らしめることになる。

第六章　欧米布教

――再びのアメリカとインド仏跡礼拝――

帰国後、宗演はケーラスに宛てて書簡を送った。

……私たちの生活しているこの十九世紀は、一つの宗教改革の準備段階なのです。さまざまな迷妄に固執する愚を根絶し、真理の栄光を高くかかげることが宗教改革を実現しようとするわれわれの責任なのです。……真理の前には、人種・習慣・言語の相違はもとより、キリスト教とかイスラム教とか仏教などといった区別はあってはならぬものなのです。……

宗演がめざすものはここにある。万国宗教会議に出席して、その思いはいっそう強くなったのだろう。一方のケーラスは、近代科学に適合する宗教として、アメリカに仏教を広める啓蒙活動を開始した。翌年には三冊の著作を発表するという勢いである。その中の *The Gospel of*

Buddha は仏教の基本概念を解説したもので、これが欧米でよく売れ、広く読まれた。ケーラスの存命中だけで十三の版を重ね、さらに中国語、マレー語、ドイツ語、フランス語など多数の言語にも翻訳され、ケーラスの名を不朽のものにした。百年あまりで三百万部も売れた世界的なベストセラーである。宗演に送られてきたこの著作を、『仏陀の福音』として鈴木大拙が和訳し、宗演の序文を付して明治二十八（一八九五）年一月三日に世にだした。これもまたよく読まれたのである。それからもケーラスはオープン・コート社から仏教を支持し、普及するための多数の著作や論文をものしている。ケーラスのこれらの業績は、宗演の布教が成功した証といってもけっして誉めすぎではないであろう。

そして、東洋思想に関する著作の出版を考えていたケーラスから、英語に堪能で東洋思想にも造詣の深い人物を助手に推薦して欲しいといってきた。そのころ、セイロン帰りの釈興然《こうねん》にパーリ語を学んでいて、インドかセイロンにいきたいと願っていた大拙に、宗演はアメリカ行きを勧めた。大拙自身も、『仏陀の福音』の翻訳後、ケーラスに「直接指導を受けたい」という書簡を送っている。西洋哲学と禅を学ぶ大拙は、このドイツ生まれのアメリカ人宗教哲学者の思想に惹かれたのだろう。こうして大拙の渡米が決まった。これも宗演の、将来の展望を見据えた布石ではなかっただろうか。大拙がのちに「世界の禅者」といわれるようになるのも、宗演による布教の第一歩の成功から出発したものなのである。宗演と大拙による禅の布教は、万国宗教会議にはじまり、『仏陀の福音』につながり、この縁もあって大拙は、ケーラスの助手として十一年間をアメリカですごすことになる。

『仏陀の福音』について、後年の大拙はこう書いている。「とに角、この大会が縁になって、米国のケーラス博士は『仏陀の福音』と云うものを書いた。これが不思議にも欧米によく売れた。ケーラスは随分沢山色々の書物を書いたが、今でも売れる本は『仏陀の福音』だけである。彼の名はこれで不朽になるであろう。自分はこの書を和訳した」と。この文章から立ち上がってくる秘かな冷たさは何だろう。それはともかく、このころ猛烈に参禅し、見性した大拙は『新宗教論』を書き上げる。宗演の漢文の序を添えたこの書は、大拙の渡米費用にあてるために京都の貝葉書院から刊行された。

つけ加えておけば、大拙がパーリ語を学んでいた釈興然は、明治二十六（一八九三）年の九月、七年ぶりに故国の地を踏んでいる。彼は真言宗の僧侶だったが、インドで南方仏教とパーリ語を学んで具足戒を受けると、上座部仏教の信仰者になったのである。帰国後は日本に上座部仏教を布教しようと、釈尊正風会を設立した。同じようにセイロンでパーリ語と上座部仏教を学んでも、日本の大乗仏教に対する信仰は変わることなく、禅の意義をさらに広い視野から考えるきっかけを得て帰国した宗演とは対照的である。

帰国した宗演は大忙しであった。『万国宗教大会一覧』の発行もあり、洪川の三回忌斎会《さいえ》を営《よう》弁《べん》（差配）し、年が明けても末寺の巡化、接心会《せっしんえ》が続く。暮れにはのちの首相、当時は帝国大学生であった浜口雄幸《おさち》、帝国大学教授の元良《もとら》勇次郎、夏目金之助など、多くが宗演に参禅している。また、洪川の遷化《せんげ》後、宗演のもとで修行していた大休《だいきゅう》 宗悦《そうえつ》が大事を了し、これを証明した。その偈《げ》を引く。

大休悦力生、先師洪川《こうせん》老漢に依事すること十余年、既に飽参《ほうさん》と称す。後又た予に就いて余蘊《ようん》を請益《しょうやく》す。今や大事十成し了る。将に故山に還《かえ》らんとす。余乃ち一偈を賦して、蒼龍門下又た箇の嗣法《しほう》の人を得たることを証明すと爾《しか》云う。

(大休は先師洪川老漢に師事すること十余年、すでに充分修行したという。その後また私に就いてあますことなく会釈した。今や大事は成った。今まさに故郷に帰る。私は一偈を投じて、蒼龍門下にまた一人の法嗣《はっす》を得たことを証明する)。

鈴木貞太郎に大拙という居士号を与えたことといい、大休を洪川の法嗣としたことといい、宗演は洪川とその弟子の仏縁を大事にしている。宗演はこのとき三十五歳、大休は三十三歳だった。この大休を送りだす宗演の文は、「大法のため、広園寺のため、僧宝一人叩き出したいから再掛《さいか》搭《とう》(長く滞在すること)を許されよ」と、男ざかりの血気に溢れている。

さて明治二十九(一八九六)年、一人の僧が宗演の前に現れる。曹洞宗の寺で得度したという千崎如幻《せんざきにょげん》である。如幻は宗演に幾度も書簡を送り、返事をもらっていたが、ここにいたって宗演を頼り、円覚僧堂にやってきたのである。如幻はこのとき重い肺結核を患い、死がすぐ目の前にあった。その如幻を宗演は受け入れている。

如幻は明治十一（一八七八）年に樺太で生まれたとされているが、出生の年月日は不明である。ただ八十一歳の没年から、逆算して生年を推定している。嬰児の彼は、道端か、茅屋の軒先かに捨てられていたのを、通りかかった浄土宗の僧侶に拾われたという。その坊さんに連れられて弘前の寺にいき、そこで育てられたと伝わっている。千崎という姓は、お寺の檀家で、船大工をしている千崎という人の子として入籍されたからだという。

また母は日本人だが、父は中国人ともロシア人ともいわれ、ゆきずりの日本人僧に拾われたとき、母の屍のそばにうずくまっていたともいわれている。如幻自身がこのころのことを知るはずはないが、引き取った祖母が、おまえは樺太の漁夫が連れてきた捨て子だったとよくいっていただけで、千崎家の長男として生まれたとの説もあった。如幻の出生の真実はわからない。ただ幼児のときに生母に死別したことだけはたしかで、物心ついたときには孤児としての人生がはじまっていたのだ。

如幻が何かの機会に語ったところによると、五歳になったとき、拾ってくれた坊さんに引き取られ、中国の古典を習いはじめている。十八歳のころから正式に仏典の講義を受け、二十一歳で東京の曹洞宗総泉寺にいた僧のもとで得度している。それから釈雲照律師《しゃくうんしょうりっし》（真言宗）の門に入り、曹洞宗の寺で修行し、幼稚園の教師になるために駿河台の養成校にも通っている。宗演のもとで五年の修行を終えるころには、如幻の肺結核は奇跡的に回復していた。そして、弘前に帰って仏苗学園を開く。如幻は宗演を生涯の師と仰いだ。この如幻と宗演との再会と別れが、遥か異国の地でのことになろうとは、どちらも知るよしもなかった。大拙が渡米するまでの短い期間であったが、大拙と如幻は宗演のもとで共に修行している。

明治三十（一八九七）年三月、二十七歳でアメリカへ渡った鈴木大拙は、明治三（一八七〇）年、金沢市に生まれている。四男一女の末っ子だった。満六歳を迎えたとき、医師であった父が死去したために家計は次第に圧迫され、ついに第四高等中学校を途中で断念しなければならなくなる。そして、母の死去の翌年、明治二十四（一八九一）年に上京し、東京専門学校、帝国大学文化大学哲学科選科に通うが、どちらも卒業することはなかった。東京へ出て間もなく、円覚寺に参禅している早川千吉郎に会った大拙は、かねてから坐禅への志を抱いていたので円覚寺を紹介してもらう。夜の八時ごろ、徒歩で東京の西片町を出て、翌朝には鎌倉に着いた。そして、今北洪川《いまきたこうせん》の門を叩いたのである。

さて、ラサールに着いた大拙は下宿先から、自転車でオープン・コート社に通う。整備された道路は広く、街並みは整然とし、樹木は美しく茂っている。しかし、山水の景としては見る甲斐もなく、東西の文明の質は大きく異なることに驚いている。またアメリカの女性は、日本の女性に比べて教育はあるものの、高慢なところもあるとすぐに気がついた。

ケーラスにドイツ語を習い、英語の上達のために小説も読む。こうして順調にスタートを切ったのだが、大拙はたちまち孤独を噛みしめるようになった。金沢に帰って教師をしていた西田幾多郎からの来信に、すぐさま長文の返事を書く。西田が、君の写真が欲しいと書いてくれば、大拙もまた君の顔を早く見たいからとキャビネ版の送付を望む。唯一の通信手段である書簡のやりとりで、大拙と西田は友情を深め、信頼関係を築き、それを繰り返し読むことで孤独を癒すのであった。写真を手許に置けば、語りかけることもできただろう。西田はのちに『善の研究』を発表して哲学者となるのだが、このころの大拙も西田もまだ無名の若者にすぎない。

大拙が渡米したのは学問修行のためであったが、実はまだ将来を決めかねていた。一時は僧侶になろうかと思うこともあったが、大道をいかずに側面から手をだす方がよいとも考えた。もし、ここで資金の用意ができれば、インドにいき、カシミール、ニポール辺りを遍歴して、北方仏教と南方仏教を研究したいと思う。若い大拙は、そんな迷いも西田に打ち明けている。

アメリカに渡っておよそ半年経ったころ、大拙は『大乗起信論』の英訳を思いたつ。大拙にはすでにこのとき、万国宗教会議で読まれた、宗演の「仏教の要旨併《なら》びに因果法」の英訳があり、『仏陀の福音』の和訳がある。これらの経験が『大乗起信論』の英訳に向かわせたのだろう。そして、西田に、「平等」「差別」「因縁」「法」……などを例として挙げ、英訳の難しさを訴えている。「梵語字書」も「漢英大蔵要目」なども手許になく、大乗仏教の要旨をヨーロッパの学者に知らせるために必要なのだからと、西田にこれらの辞書を送って欲しいと頼んでいる。買って送って欲しいではなく、「御恵み下されし」である。大拙にはお金がないのだった。

やがて西田に宛てた書簡で、「ケーラス氏も多少の仏教書を所持しをれど充分ならず、其上吝嗇《りんしょく》の風あることとて容易に必要のものを買いくれず、さればとて予に資力なければ何と仕様もなし」と愚痴をいうようになる。住む所と食事には事欠かないが、大拙は見習いということで、ケーラスは給料をほとんど払ってくれないのである。ケーラスへの不満は日を追うごとに大きくなる。「之につけても予が先年『仏陀の福音』を訳したる如きは面目なき次第なり。梵語《ぼんご》も波利《パーリ》語《ご》も知らざる異教徒の手になりたるものを此上もなく珍重して訳出したるは今にして思へば誠に慙愧の至り」となり、「ケーラス氏の宗教観は取るに足らず、但予よりは読書したること多き故上手に饒舌を弄するのみ、人物も言ふに足らず、学問も言ふに足らず」と不満は憎しみと軽蔑へと変わっていく。

ケーラスのもとへ渡っておよそ一年が経過したころ、大拙が宗演に宛てた書簡がある。


三十一年の春を迎えたは迎えたれども、何分異郷の孤客に取りては、新年も歳暮も夢の如くに候、国を出でて早や一年に近き日月をすごし候え共、是れと云うて経験したることもなく、呉下《ごか》の旧阿蒙《きゅうあもう》たる（進歩のないこと）は幾重にも口惜しけれど、他日を憾《うら》みんようなければ、覚束なくも未来に望を繋ぐのみに候、只毎々の御垂訓に接して痩せたる馬に鞭あつる心地、何卒して、尊慮の万分の一にも添いたしと心を励ます次第に候。

予が当時の位置何と申上げようもなく候。金あるかと云うに、そは本来の禁物、さらば飢えておるかと云うに、三度の食事、時には運動足らぬため食慾も進まずと云う調子、固《もと》より自由なるにあらず、さりとて不自由なるにもあらず、恰《あた》かも糸瓜の風にゆられて寄る所なきに似たりと申すべく候、但閑ある毎には所好の学科を研究し、他日の材料を貯蓄す、是から先は雨となるか、雲となるか、自分も知らず候。只気永に機を俟《ま》ちて独立の位置を得んと存候。併し御心配には及ばず、何事も始めて見るときは容易の如くに覚え候え共、さて多少の経験をつめば、つむほど事の難きを知りて其易きを見ず候。

師の宗演にも、漠然とした不安と不満を匂わせていたのである。宗演からはたびたび書簡が届いているようで、大拙にはこれが支えになっていただろう。その上、この年の暮れにはチフスに感染して翌年二月中旬まで入院する。医者によれば、原因は一度も沸騰させない水を飲んだからだという。

ケーラスは宗演に一月二日付けで、「彼は数週間もすれば、もう危険な状態を乗り越えるに違いありません」と書き送っている。重体の床で大拙は、死んでしまったら、まだ道半ばの著述が頓挫すること、それが無念で、譫言《うわごと》にまでだすようになる。大拙の重体を知った宗演は、経典を読んで病気平癒を祈った。孤独と貧困と病気と闘い、ようやく危機を乗り越えたとき、大拙は退院までのおよそ二カ月を無駄にしたと嘆いたが、宗演の「親情が心の底まで銘せらるる」と記した。健康を取り戻した大拙は、再び仕事と『大乗起信論』の英訳に励む。

明日はクリスマスに之有《これあり》、丁度我邦の新年に相当、贈物のやりとり、郵便屋、通運屋の多忙繁劇此上もなしと聞き侍る。天涯孤客の身には只昨日のくれて今日のあけたるを見るのみ、年が年中、同じ事をのみ繰り返す。簡単でらくなようにもあり、又物淋しきようにも有り、此末はどうなることやら、独りで笑うことも之れあるこそおかしけれ（想いおこせば昨年の今日は病気の絶頂にて無我夢中なりし時なり、喉元過ぐれば熱さをわするるは人の習にや、さるにても健康に注意せねばならぬこと、今に始まった話にあらずと奉存）。此書着の頃は日本新年稍《やや》老いたる時なるべし、当地は是れより永き冬籠りに閉じ込められねばならず、由比ケ浜辺の景色、想い出せば望郷の念をます。

渡米から二年近くたっても、大拙の孤独は癒されることはなかった。これといった用件はないのに、宗演に書かずにはいられない。ケーラスの家族だけでなく、アメリカ中がクリスマスにわいている。日本の正月を思い起こせば、その孤独はいっそう深くなる。ましてこれからは厳しい冬に向かう。大拙が二十歳まですごした金沢市も冬の長い所だが、比べものにならない寒さである。由比ケ浜の青々とした海辺を思いだすという大拙の切ない書簡である。

このころ宗演の法嗣《はっす》の一人、宗活からの便りで、宗演がハーバード大学からの招聘を受けたという報せを受ける。大拙は、飛び上がらんばかりの喜びに溢れた書簡を宗演に送っている。老師の布教伝道にあらんかぎりの力を尽くしたいと、昂奮を抑えられない。そして、持参してきて欲しい書籍を書き送る。宗演は、直ちにその書籍を送っている。ところが宗演の渡米の日程は決まらない。大拙はどれだれ待って、待って、待ち焦がれていたことか。西田に宛てた書簡の末尾に、「鎌倉の和尚渡米の事未だ決っせず……」と書き、次の書簡にも「鎌倉の和尚の渡米は今に未決なり」と書き止めているのである。ハーバード大学からの招聘は立ち消えになったらしく、宗演の渡米はかなわなかった。

弟子といえば、若くして宗演の徒弟となった敬俊がいる。セイロンから帰って熱海で保養中だった敬俊《けいしゅん》を、宗演は韮山中学及び鎌倉両山教校で学ばせていた。熱海の医王寺の世話になりながら、韮山中学で学んでいる敬俊に宛てた書簡がある。敬俊は自分ではいいにくいことの伝言を、兄弟子の宗活に頼んできた。それへの返事だ。明治三十二（一八九九）年の秋のことである。

敬俊は明治十五（一八八二）年生まれ、このとき十七歳である。チフスにかかり、九死に一生を得たばかりのようだ。その弟子に宗演は書く。「是全く仏天の加庇《かひ》、両親の慈愛、師友の保佑《ほゆう》に因るものと心得、向後一層殊勝の志を励まし、陰徳を積み、他時異日宗門の棟梁たらんこと切望の至に候」と、安堵しつつも厳しく諭している。敬俊からは時計を欲しいといってきた。「時計を当にして勉強する位にては、未だ十分ならず」と、宗演は苦言を呈す。さらに敬俊が東京の学校に替わりたいと伝えたのに対して、「東京と難学問は道路に落ちてはおらぬなり。勉学の志堅固なれば、韮山にて沢山に候」という。学資の半分は一派より公費を受けているのだから、わがままはいえず他の派遣生と同じように辛抱して早く卒業するように、卒業したら専門道場に入れるつもりだと諭している。そして、「禅宗の本領は決して口耳の学問に無之」、「終身文字学に迷ふ積りならば他に路あり。禅僧たるに及ばず」と突き放すのである。全快したら一応帰山せよ。その外のことは会って詳しく申し聞かす、と。敬俊の気落ちが察せられる。

宗演が冷たいのでも薄情なのでもない。成人して弟子になった者とは違い、育ち盛りの十代には別種の配慮が必要で、それとしての苦労がある。宗演が、慶應義塾へ入塾したときの洪川はどうであったか。宗演に手の内を読まれていた洪川は、宗演の戦略に勝てなかった。右の書簡の二カ月後、宗演は再び敬俊に書いている。今はただ養生専一にするように、病気でも朝夕くらいは随意誦経するように、春にでも全快したら一応帰山せよ。その上で前途の方向も相談しよう、と。前便の、会って詳しく申し聞かすからは随分やわらかい文面に変わっている。そして、自分もかつては病弱であったこと、今になって大いに思い当たることがあり、これはわしの実際に体験したことだと、敬俊の心情に寄り添いもする。

この二年後、宗演は敬俊に書いている。何かよいことでもあるかと便りを見れば、相変わらずの草鞋銭の無心、かつ病気の報せで面白味がないではないか。しかし病気は仕方ないとして、精々陰徳を積み、貴重な法財を浪費せぬように、今回は取りあえず金子五円を送る。いったいぜんたい、はじめは手許にいくらの現金があったのか。郵便貯金もすでに引きだしてしまってあって、その辺の報せもないからわからないではないか。だからひとまず五円を送る。敬俊に何か任せたものがあったのだろう。相変わらずの無心をいってくるから、宗演もついつい送ってしまう。子供に手を焼く父親と変わりがない。

敬俊は泉州南宗寺、京都建仁寺の各僧林で宗学を研究したのち、鎌倉に戻った。宗演のもとで修行すること十三年、その後、越後関興寺に請われて赴任するのである。

アメリカにいる弟子の大拙は、明治三十三（一九〇〇）年、渡米三年後に『大乗起信論』の英訳を出版した。次いで現代版の『大乗仏教概論』を英語で著述することを思いたつ。しかし、資料も参考書も手元にない。教えてくれる人もいない。だがそのとき、シカゴ大学に縮刷版『大蔵経』全四百巻が寄贈されていることがわかった。これはかつてシカゴで万国宗教会議が開かれたとき、日本の仏教代表者たちが英訳の仏教書と共に持参したものだった『大蔵経』は借りだしたものの、大拙には返点のない漢文（白文）を読む力がなかった。宗演に書簡を送り、教えを乞う。どこで句読を切ってよいかさえわからないという大拙に、宗演はそんなときはともかく四字で切ってみればよいと教えた。漢文に苦労しながらも大拙は、宗演に何度も教えを受けながら、ともかく読み進めた。そして、まずは英訳をしてみる。このときの漢文英訳の経験が、のちの多くの英文著作に繋がったのだろう。

大拙は、西田への書簡をはじめから英文タイプライターで打つこともあれば、途中から英文になることもあった。大拙にとっては英語が生活の言葉になってきていた。明治三十六（一九〇三）年に全文をタイプライターで打った書簡があるが、ここに zazen の表記が出てくる。"How are you progressing with your practice in zazen?" 坐禅はその後進んでいるかと西田に問うているのだが、日本語の発音をローマ字に転写した「zazen」が出てくる。西田は、六年ほど前から禅への関心が深まり、京都で半夏、打坐参禅しており、明治三十六年になると京都大徳寺の広州《こうじゅう》宗澤《そうたく》老師に参じて公案を通過していた。大拙にとっては禅を語ることのできる相手ともなっていた。同時に西田は、哲学書の著述も開始していた。

明治三十五（一九〇二）年七月、野村洋三の紹介でアメリカの大家具商の妻、アレクサンダー・ラッセル夫人一行が円覚寺塔頭正伝庵《しょうでんあん》に庵居し、参禅した。これが白人の参禅のはじめである。通訳は植村宗光が務めた。宗光は大学生のときに参禅し、卒業してから出家した弟子である。宗演が留守にするときは、のちに宗演のあとをついで第三代円覚寺派管長となる函応宗海が代講する。ラッセル夫人一行は翌年の三月まで参禅を続けたが、十二月に宗演と共に熱海に湯治にでかけている。このとき宗演は、ラッセル夫人から聖書の講義を受けている。欧米への布教を視野に入れていたに違いない。

それから間もなくして宗演は、建長寺派より管長職に就くことを請われた。建長寺派に人がいないため、宗演を転派させて管長にしようと奔走する者がいたのだ。このとき、木村潤石と円覚総務総理の井上宗淵は当然ながら猛反対する。潤石は、「折角苦心して得た此人を無暗にやってたまるものか、もし連れていったら承知せん。此山は老師蒼龍《そうりゅう》　老漢埋骨《ろうかんまいこつ》の古道場でもあるし、第一宗演禅師得法の道場だ。もし転派でもしたら衲《のう》は縄をつけて引張ってくる」と怒りを露わにした。もちろん宗演も固辞するが、あまりの懇請にやむなく、名義だけということで、応じることになる。住まいはこれまで通り円覚方丈のまま、七月には建長寺派の管長も兼ねることになった。だが多忙のゆえか、その翌月には舌頭カタルのため、伊豆の修善寺で湯治養生を余儀なくされる。その後、五十余人の雲衆と六十人の居士と共に夏末大接心を務めるほどに健康を取り戻しているのだが。

明治三十七（一九〇四）年二月十日、日露戦争がはじまると、宗演は建長寺派管長として従軍布教師となり、三月十二日に出立し、満州の戦場に赴く。しかし、体調を崩して七月二十五日には建長寺に帰着し、その秋には那須温泉でひと月静養している。十一月には宗光が応召出征した。

この年、ラッセル夫人よりアメリカでの布教への招待があった。万国宗教会議での布教は成功し、ケーラスの『仏陀の福音』は欧米でよく売れている。大拙はアメリカにいる。ラッセル夫人らの参禅という実績もできた。そこへ布教への勧誘である。この招待が宗演を再び、アメリカ布教に駆り立てる。よくよく考えた末、宗演は九月に結論をだした。本年中は渡米を見合わせる。翌三十八年四月には管長改選という規定がある。今回は断じて管長候補を辞す決心をした。いや、退く好機ととらえたのである。円覚寺塔頭の白雲庵に函応宗海がいた。宗海も宗演と同時期に洪川のもとで修行した人であった。宗演より三歳年上で、明治十三年から洪川に参じていたが、宗演が洪川から印可を受け、洪獄老師となって管長代理を務めてもまだ修行僧の身であった。このときの宗海は、「仏日庵《ぶつにちあん》の新命老師宗演は陽光に芳香を放つ梅花の輝き、正続僧堂で飯たきの海ソは徹骨《てっこつ》の寒苦《かんく》」と揶揄されたのだった。憤慨した宗海は正続僧堂を離れて京都に走り、相国寺の独園承珠《どくおんじょうしゅ》に参じてその法嗣となり、函応老師となって白雲庵にいた。共に修行した宗演にとっては信頼できる老師だったのだろう。

宗演は渡米のため、一月に建長寺・円覚寺両派の管長辞任を発表した。すぐにでも円覚方丈を出て東慶寺へ遷住《せんじゅう》したかったが、そうはいかない事情があった。当時、東慶寺の住持である古川堯道が、「おまえのじいさんがいきなり東慶寺を出ろという。何でと聞くと宗演老師が遷住されるのだと。そうしてわしに越後の関興寺へ移れという。老母をかかえたわしはあの大雪の石打へは無理だ。雪どけの春まで待ってもらった」と、のちに東慶寺住職になる井上禅定に話している。「じいさん」とは井上宗淵である。

宗演の正式な辞任は五月である。しかし、それまで待てない。せっかちというか、思い立ったらすぐにでも行動に移したい人なのだ。だが、堯道の事情をくんで、東慶寺に遷住したのは四月の下旬だった。

東慶寺は正式には松岡山《しょうこうざん》東慶総持禅寺といい、開基は北条貞時、開山は貞時の母、覚山志道《かくさんしどう》尼《に》である。弘安八（一二八五）年に開創された。覚山志道尼は安達義景の娘で堀内殿ともいった。北条時宗の妻となって貞時を産んだが、弘安七（一二八四）年四月、死を意識した時宗が無学祖元《むがくそげん》に師事して出家すると、彼女も出家して覚山志道尼と名乗った。そして翌年、東慶寺は貞時を開基として創建されたのだ。覚山志道尼が死去したのちも北条一門が後室を務めたが、五世住持として後醍醐天皇の皇女、用堂尼《ようどうに》が入ったことから松岡御所とも呼ばれるようになった。

東慶寺は、江戸時代には離縁を望む女性がそこに逃げこみ、三年間生活すれば離婚が許されるという尼寺だった。つまり東慶寺は、江戸時代には幕府からも認められる女人救済の駆けこみ寺として人々に知れわたっていた。二十二世を最後に無住になり、明治五（一八七二）年に円覚寺附庸となって円覚寺派となっている。最後の女性住職、順荘尼が明治三十五（一九〇二）年五月に死去すると、六月から古川堯道が住持となり、東慶寺は男僧寺になった。堯道のあとに遷住した宗演は荒れていた東慶寺の中興開山となる。宗演は東慶寺に隠棲したあと、「松ケ岡」「松ケ岡御所」「松岡山房」などと書簡やメモに書き、晩年をすごしている。

渡米の決定は、すぐに大拙に知らされた。アメリカにいる間、大拙を通訳としなければならない。ケーラスの承諾も必要である。宗演の渡米の報せを受けた大拙の喜びはいかばかりであったか。待ちに待った師の渡米である。宗演は辞任を発表してからも、九州に渡って唐津などで演法。有田、佐賀を巡化。さらに久留米、博多、下関で法筵《ほうえん》に臨む忙しい日々を送っている。

明治三十八（一九〇五）五月二十九日、管長辞任の日を迎えた。同時に函応宗海を新管長とする開堂式を行う。宗演はようやく役職を解かれたのだ。

六月十一日、僧衣、僧帽をつけた宗演は、横浜埠頭で周布公平神奈川県知事、野村洋三ら七、八十名と別れの挨拶を交わした。いよいよアメリカ布教の旅がはじまる。宗演は、「行雲流水一年有半の遊此より始まる」と『欧米雲水記』に記した。どんなにか胸は昂ぶったことだろう。朝九時、雨の中をマンチュリア号はアメリカへ向かって船出する。万国宗教会議から十二年の歳月が流れていた。旅の出発にあたって宗演は、「喫煙飲酒を廃す」と決心する。「既往三十年あやまって此毒にかかり、嗜好殆ど病となれり、今故国を去りて欧米に遊ぶに臨み、其非を悔いて之を断つ」と記している。こうして二度目の渡米ははじまった。

仏教の海外布教を語るとき、明治元（一八六八）年からはじまったハワイ共和国への移民を抜きにすることはできない。ハワイ共和国の主要産物は砂糖黍からとる砂糖で、製糖業が拡張されていくと、労働力の受け入れをはじめたのだった。最初は百四十八名が日本からの移民となった。その後大幅な増加はなかったが、明治十八（一八八五）年にはハワイ共和国との官約第一回渡航者九百五十六名が一挙に渡っている。明治三十二（一八九九）年には移民の数は四万を越えていた。彼らは契約労働者で、三年間は劣悪な環境のもとで苛酷な労働を強いられるのだった。その日系移民にとって精神の支えになったのが浄土真宗をはじめとする仏教各派の教えだった。その上、葬式と法事という切実な問題があった。

真宗西本願寺は明治三十一年に海外布教のための視察を行い、カルフォルニア日系人の実情を詳細に調査している。それから西本願寺はアメリカ伝道を宗門の事業として開教師を派遣しはじめた。もとよりまわりはキリスト教徒ばかりである。日本人への布教は、キリスト教に教化されるのを防ぐためでもあった。またキリスト教に改宗した日本人から、日本にキリスト教が流入するのを恐れてもいたのだ。

また東本願寺も海外への「開教」事業に早くから取り組んでいた。東アジアを中心に北米、ハワイ、千島、樺太から南洋などとその範囲は広い。しかしここでも海外布教とはいえ、実際は「仏教々団の海外伝道は、名は海外伝道であるが、その実は、内地布教の延長でしかなかったのである。それも、真の布教といえるかどうかさえ、疑わしめるほどのものであって、ただ海外に在る邦人のために、葬式法事を営んでやるという以外に、特に取り上げられるほどの、仕事はして居なかったのである」という。そうはいうものの、海外に進出した教団は学校を開設するなど、日系人社会の中心となることが多かった。海外に移住した日本人には心強い存在だったと思われる。

仏教の海外布教は中国にも進出していた。真宗大谷派の小栗栖香頂《おぐるすこうちょう》は中国を視察し、帰国後は中国開教の必要性を力説した。中国の仏教より日本の仏教の方が優れていると思えば、そこに布教の道ができる。そして、本山を動かすと小栗栖は再び上海に渡って真宗東本願寺派本山別院の看板を揚げ、中国開教の一歩を踏みだしている。その開院式には日本領事はもちろん、在留日本の有力者、商社の重役、儒者、居士など千人におよぶ在留邦人が参加している。そのとき小栗栖は流暢な中国語で説教した。明治九（一八七六）年のことであった。このように日本の仏教教団は海外視察や、海外布教にのりだしていたのである。

布教にでたからといって一気に禅が定着するものではない。しかし、宗演には歴史、文化、風土などの違いを超えて、禅は必ず広まるという確信があった。万国宗教会議での手応えを忘れてはいない。それにケーラスの著作である『仏陀の福音』の、欧米での成功がある。大拙の英文著作も出版されている。セイロン遊学中に得た、仏教は西欧に広まるという確信も揺らいでいない。宗旨を側面から支える仏教書、宗教書が受け入れられている今、まずはアメリカへいかなければならない。万国宗教会議には、禅を世界に広める鍵があった。宗演はこの鍵を開けた。そして、大拙をアメリカに送ることでさらに扉を開けた宗演は、明治三十八（一九〇五）年、日露戦争終結の年に、大拙と二人で扉の向こうへ駆けだそうとしている。

宗演の渡米を聞きつけ、同行する予定だった千崎如幻《にょげん》は眼病を患い渡米はかなわなかったが、桜井という青年が宗演について渡米した。六月二十七日、サンフランシスコに着く。埠頭ではアレクサンダー・ラッセルや在米の土屋元作居士ら、大勢に迎えられた。馬車でサンフランシスコのオーシャン・ビーチにあるラッセル家の別荘に荷を降ろす。ゴールデン・ゲイト・パークを海に沿っておよそ八キロメートルほどいったところにある宏壮な別荘であった。そこにはラッセル夫人などすでに見知った人々が到着を待ち構えており、旅から帰った家族を迎えるような温かい歓迎であった。太平洋に面した別荘は、室内の装飾も、戸外の庭園もまさに百花繚乱、宗演には仙境のように感じられた。ラッセル夫妻は宗演を迎えるために、日本の座敷や庭園を新しく造っている。さらに宗演の部屋に飾る鎌倉大仏の油絵も購入する熱の入れようである。

一家の生活も極めて宗教的で、三時の勤行《ごんぎょう》のあと、賛美歌を唱い、洋楽を奏でて食事をする。奉公人まで肉を食べず、酒も呑まず、煙草も吸わずといった生活である。宗演ももちろん禁酒禁煙である。日本人の奉公人も八人ばかりいるが、忠実に働き、その生活ぶりは「清浄」で家族は「和楽」であった。ラッセル夫人邸と彼女の禅定の様子を、当時の邦字日刊紙『新世界』が報じている。

寄せては返す太平洋の波が金門湾に限られて、わずかに呻くような声を揚げているだけ、夜にでもなれば静寂の気があたりを圧して来る。もし読者の中に夜半このあたりを過ぐるならば、日本流のゴーンという鐘の音がこの家から洩れて諸君の耳朶《じだ》を打つを聞かれるであろう。……その会堂の傍らには、日本から買って来た立派な梵鐘がある。これをゴーンと鳴らして、子供に天地の神霊に礼拝させる。これは、淋しい鐘の音が波の音や木立を過ぐる風の音に和して、世界が寂滅の境に入って人間の気が氷の如く冷たくなる時に、黙想礼拝させるのである。……

ラッセル一家は十数人。七月になると宗演のもとで一家の坐禅がはじまった。ラッセル夫人が入室参禅となる。宗演の行持《ぎょうじ》は続く。

大拙がシカゴからラッセル邸にきたのは予定より遅れて七月十四日であった。これより大拙を通訳として『四十二章経《しじゅうにしょうぎょう》』を講じた。これでアメリカにおける禅の東漸の意のあるところを示した。宗演は大拙を通訳として各所で白人と共に坐禅し、法話をする。ラッセル邸の外でも布教をはじめた。そして、時間があるときは大拙と聖書の研究をした。

六千マイルの海を越えて千崎如幻がやってきた。ラッセル家のボーイとなり、宗演の侍者となった如幻は、宗演の海外布教の様子とそこに集まる白人たちを観察することになる。宗演と大拙が上野領事の私宅に泊まることになった八月八日、如幻はラッセル邸を去るという。宗演はその理由を、『欧米雲水記』に「身其労役に堪へざるが為めなり」と記しているが、これは本当の理由ではない。如幻はこのままアメリカに留まり、宗演の志を継いで布教伝道すると決めていた。ラッセル夫人やその他の白人の禅修行を見ているうち、彼もまた禅はアメリカで広まるという確信をもった。如幻は言葉もわからず、仕事もなく、伝手もない大陸で、禅の布教伝道に生きるという。宗演が撒いた禅の種を育て根づかせ、必ず開花させると決心したのだ。宗演はこの無謀な冒険ともいえる計画を実行するという弟子との別れを決めた。

ゴールデン・ゲイト・パークで、宗演は如幻の侍者《じしゃ》としての責務を解いた。正式な法嗣ではなかったが、弟子であった。重い肺結核で生死の境をさまよっていた如幻と出会い、回復した弟子を弘前に送り、今また異国で別れを告げる。巨大な氷河を駆けだす一匹狼のような弟子に、宗演は禅の布教を託したのである。如幻に、これからの当てがあったわけではない。言葉もわからない。知りあいもいない。ただ一人、二十七歳の如幻はアメリカに残るのである。

宗演が凡例に「紀行を作る」と書いているように、『欧米雲水記』には天候、風景などが細かく描写されている。それによると、サンフランシスコは五、六月から十月ごろまでほとんど一滴の雨も降らない。だから夏の間は緑の草もなく、曠野は殺風景なものであった。ことにこの年は十二月ごろまでわずかに一、二回降っただけである。しかし、一雨ごとに草木は生気を取り戻し、美しい草原となっていく。二月になると雨季に入り、日本の梅雨のようになる。すると庭園の池では蛙の声がし、草は日増しに色を濃くしていく。

宗演は時間をみつけては大拙と海辺を散策している。時には「徘徊《はいかい》」というほど歩いている。「夜月明かにして流光千里にわたり、太平洋上一点の繊塵《せんじん》なし、故園幾人か果して此の月を賞する」と記し、翌日もまた同じ海辺を歩くのである。これは、二人きりになる必要があったためだろう。ラッセル家には日本人の使用人がいた。日本語で話しても聞かれるおそれがある。大拙はしばしば宗演への書簡に書いているが、ケーラスのこと、待遇のこと、将来のこと、帰国のことなど、師と直接話さなければならないことが山ほどあった。そのためにどれほど宗演がくるのを待ち焦がれていたか。

アメリカに馴染んだ大拙は世界で活躍する夢をもっている。その活躍の拠点はアメリカでなくてもいい。おそらくこのときに大拙は、宗演から帰国の諒承を得たと思われる。大拙が帰国するのは三年後のことである。

アメリカ布教中に撮った写真がある。法衣の宗演と和服の大拙、他に和服の男性が二人写っているが信者なのだろう。このときの宗演は四十五歳だが、充分に若々しい。三十五歳の大拙ももちろん若い。セイロンに学んだときの宗演は二十七歳だった。宗演を追って渡米した如幻も二十七歳。人生における踏み切り板を蹴るには、熱意と共に若さが必要であることを痛感させる写真だ。

ラッセル邸での滞在も長くなってきた。宗演は毎日二時間ほど、ラッセル邸にいる人から英語の伝習を受けているが、いっこうに上達しない。日常の会話さえ難しい。それを宗演は二十年もほったらかしてきた未熟な英学のせいにしていたが、四十五歳になって、記憶力の衰えも感じている。

ラッセル邸での滞在も長くなるにつれ、寂しさも募ってきた。新堀源兵衛の弟の七郎は雑貨商を営んでいて、ちょうどサンフランシスコに商いを広めにきており、何度かラッセル邸に宗演を訪ねている。そのとき宗演は、異国にいる寂しさを訴えた。咬むほど好きだった煙草も断っており、長期の滞在となると日本の食事も恋しい。新堀七郎は何度か自分の住む街からおよそ六キロメートルの海岸を歩き通して、宗演の望む日用品や食品を目立たぬように届けて養生を勧めている。ラッセル邸は室内も庭園も見事な造りであったが、広大な屋敷のまわりには樹木が一本もなく、大風が吹けば砂塵が天に舞い、外にも出られない。ここには宗演の心を慰めるものはなかった。

年が明けて、ラッセル邸を出る日取りも具体的になってきたころ、渡米してきた軍医総監が宗演に伝言をもってきた。植村宗光の戦死の報せである。しかし詳細な状況は未だわからないとのことだった。前年の九月、宗光の戦死が新聞に掲載されるとき、それが誤報だと事前に知らされていたので、その後の報せを待っていたのである。日露戦争はもう休戦になっていたので、除隊になれば渡米してくるかもしれないと噂し、大拙と喜びあっていたときである。この悲報を受けたとき、大拙も同席していた。夕暮れ時の大海原が見える一室だった。

「死んではもう万事休す」。

愛弟子の悲報に落胆する宗演の様子は、大拙の目に焼きついた。

「こんなに死んでいくなら、あれほどにしなくてもよかったのに」。

宗演の口から洩れた言葉も大拙は忘れない。大拙によれば、「あれまでに強く痛棒を加えて、無慈悲と思われるほど鍛錬の力を加えなくてもよかった、可哀相なことをした」という意味だという。宗光は大学を出てから出家したので、宗演はことに目をかけて鉗鎚《けんつい》を加えていたのだ。宗光にはそれだけの器量があったのだろう。

宗光とは、宗演の弟子になって命名されたものであった。渡米した大拙は宗光の修行を知らなかったが、二度目に渡米した宗演が洩らす言葉で、宗光を一廉《ひとかど》の人物に育てあげたのがわかったという。宗光の死は、宗演にとって哀しみと同時に、大きな打撃でもあった。宗光の死の真実がわかるのは昭和十二（一九三七）年のことである。

宗演の体調はよかった。渡米以来、三日以上の臥床はない。年が明けた二月か三月にはラッセル邸を出てシカゴへ向かい、さらにニューヨーク、ボストンなどをめぐる予定を立てていた。そこから大西洋を渡り、まずイギリスへいきたかった。できれば世界一周がいい。最後はインド洋を渡り、再び錫蘭《セイロン》を訪問したい。しかし、それには四、五千円が入用だった。これがどこからか降ってこないものか、福の神が与えてくれないものかと、宗演は民衆と変わらない空想をしている。アメリカまできていて、このまま帰国するのは何としても惜しい。

ところが、福の神は現れた。ラッセル夫妻が三、四千円を贈ってくれたのだ。何という幸運、いや強運だろう。この資金がなければ、アメリカから帰国するしかなかった。

大拙の達者な通訳でおよそ八カ月、ラッセル邸を拠点に、各地で「禅要」を提唱したことで、宗演は目的の一つを果たした。明治三十九（一九〇六）年二月、ラッセル一家と別れた宗演と大拙は、シカゴのラサールにいき、ケーラス博士とその義父ヘグラーとに再会し、数日をヘグラーと宗教問答、あるいは哲学の議論を闘わせてすごす。

そして十三年前、万国博覧会が開かれたジャクソン公園にいくと、そこにあるのは美術館と、日本が寄付した鳳凰堂とドイツの政府館だけだった。大会会長だったボンネーが逝き、宗教会議委員長だったバローズ博士も、もうこの世の人ではなかった。シカゴの物質文明はさらに進み、十三年前とは比べものにならなかった。頭の上から脚の先までといっていいほど電気と蒸気が通り、移民などで三百万に脹れあがった市民は、昼も夜も金と時間に駆使されているようで、宗演は呆然とする。

ラサールからニューヨークへ移った宗演と大拙は、再び布教活動を開始した。ホワイトハウスの謁見室で、知人のドクトル・ビグローと共にルーズベルト大統領と約三十分会見している。通訳は大拙である。宗演はまず大統領が日露戦役の惨禍を見るに堪えず、調停の労をとったことに対する謝辞を述べている。

大統領　博愛のもと国に東西なく人種に異同なく、宗教に区別なし、是を以て予は貴国の現状に同情を寄すと。

宗演　然り、其同情を措て何処に宗教あらんや。

大統領はこのあと、日本の軍人の精華は義士四十七士の義気から胚胎したものかと問い、宗演はその通りで、義士の精神は日本特有の武士道を発揮したものだと答えている。大統領は頷き、さらに武士道の真髄と宗教の宗意について質問している。これは日本が日露戦争で勝利を得ていたからあり得た問答だったに違いない。宗演は勝利国からきた高僧なのである。新渡戸稲造の『武士道――日本の魂』などが英文で出版されており、大統領はこれらの著書にも目を通していたのかもしれない。また、キリスト教国であるアメリカの大統領が、日本の仏教に関心を寄せていることも注目に値する。

大統領　予は屢比、ドクトルより日本人の美風と仏教の大意を聞き、之を欽慕し之を宗敬す。只窃に思ひらく仏教国は未だ女子の智徳を完全に発達せしめざるが如し、如何に。

宗演　我邦は方今意を此問題に注ぎ、大に教育を奨励しつゝあり、且仏教は往古女子を賎みたるが如く見ゆれども、其実女子の体力が男子に如かざるを認めしのみにて、其精神は決して軽視せざるなり、然れども仏教以前より女子を男子の下に置きたるは東洋一般の風習なり、卿が注意は深く之を謝す。

大統領　国に各長短あり、我国の如きは貧富の懸隔歳に月に甚しく、時に社会の平和を破壊するの兆あり。思ふに貴国に於て未だ之なからん誠に喜ぶことなり。

宗演　全く之れなしとは謂ふべからず。唯比較的少きのみ。

大統領　世界の平和は必ず将来に於て見るを得べし、是れ予が確信する所なり。

宗演　然り、必ずや之を見るを得ん、おもふに此平和国の曙光を現はし始むるものは学術か宗教か、將た一種の道徳か。

大統領　宗教も学術も皆此れ其階梯なり。然らずや。

宗演　仏教が欧米化し、耶蘇教が日本否東洋化せば、世界の平和是に於て始めて成らん。

宗演の言葉を聞いた大統領は大いに喜んだ。東洋の仏教思想と西洋のキリスト教思想が交流し、融合することを、宗演は今から百年以上も前に思い描いていたのだ。また、宗演の滞在を知ったワシントン大学の要請に応じて、「仏教の精神教育」を論題として、仏教の教理を説いた。次の日の四月八日の夜には、ニューヨークのベーダンタ教会で釈尊降誕会があり、ここで宗演は大乗仏教の大意を講説している。入場者はおよそ四百人、白人ばかりであった。通訳はもちろん大拙である。この中にビアトリス・アースキン・レーンという若い女性がきていた。

宗演たちはボストンへ赴く。ハーバード大学を訪問した宗演は、校舎の建築が壮大なのに対し、エリオット総長の官舎があまりに質素なのに驚いたが、エリオットは、普段の人間生活はこれで充分であることを学生に自ら模範となって示していた。エリオットによれば、ハーバード大学ははじめにはコングリゲーション（英国のキリスト教の一派）の宗教家が建てたものであったが、時代の推移と学術の進歩によって、ついに信教の自由を認めるようになっていった。だから今は、カトリック教徒もあり、新教徒、ユダヤ教徒あり、さらには仏教を信じる教授や生徒も少数ながらいるというのだ。万国宗教会議が開かれたとき、アメリカ人の大部分はキリスト教信者であった。それがたった十三年で、他宗教の信徒になったアメリカ国民がいる。それは万国宗教会議以来、アメリカに他の宗教が流入したことを示していた。もしかしたら如幻の計画も無謀とばかりはいえないかもしれない。仏教の布教伝道のチャンスは目の前にある。

宗演は布教活動ばかりをしていたのではなかった。時間があれば異国を楽しむことも忘れない。ニューヨークの下町を散策していた宗演は、ベニーミシンと呼ばれるものがあるのを見つけた。これは一銭ほどの硬貨を入れると、その箱の中で、自動音楽入りで活動写真が映り、それを覗いて見るものだった。宗演はあまりおもしろいので七回も繰り返し見た。歌舞音曲が好きであった。国内巡教の際にも、田舎の芝居小屋や覗きからくりを見るのが好きで、汚い桟敷で下手な役者の芝居でも熱心に観劇する。そして、「また泣かされました」という。異国の下町でベニーミシンを覗いている宗演を想像するのもわるくない。

このころアメリカでは、「ニッケルオデオン（五セント劇場）」と呼ばれる常設映画館が各地に登場して、五セントという格安の入場料で人気を呼んでいた。アメリカが各国から移民を受け入れていた当時、文字が読めなくても楽しめる映画は、移民や労働者らの大衆娯楽として定着していた。これより先の一八九四年、アメリカの発明家トーマス・A・エジソンは箱の中にフィルムを装填する「キネトスコープ」を公開していた。これは一度に一人しか観ることのできないものだった。成人男性の胸の辺りまである薄型の箱を立てたようなもので、これを上部から覗く仕掛けになっている。同様の実験を行った科学者は多くいたというから、宗演が下町で見たベニーミシンは、「キネストコープ」のようなものではなかっただろうか。「ニッケルオデオン」より手軽な娯楽だったのだろう。アメリカの映画は、やがて「映画の都」ハリウッドと共に発展し、世界を魅了するようになるのだが、宗演は映画の草創期に箱の中の活動写真を見ていたことになる。

アメリカにいる間、宗演は法衣だけですごしたわけではなかった。黒いフロックコートのようなものを着て、黒い帽子を被った写真が残っている。寒さの厳しいアメリカですごすために誂えたものだろう。衣服を変えれば気分も変わる。旅の楽しさも増したかもしれない。


ニューヨークに戻った宗演をビアトリスが訪ねてきた。ベータンダ教会での講演から十日後のことである。彼女と宗演は仏教について長い間話した。ビアトリスの熱心さと資質を見抜いた宗演は、大拙から仏教を学ぶことを勧めている。宗演がアメリカを発ち、イギリスへ向かう十日前である。このビアトリスがのちに、大拙の妻になる。

宗演がアメリカを発つと、大拙はラサールへ戻る。大拙の心は晴れ晴れとしていただろう。あとのことはともかく、いよいよ帰国が実現するのである。大拙はよほど嬉しかったようで、早々に西田へ知らせている。西田は七月二日付けの藤岡作太郎への書簡に、「来春は大拙兄も帰国する由」と書いている。

大拙の帰国を知った西田から、自分の友人に君の跡をつがせたいという、オープン・コート社への紹介の依頼があったが、「予の跡はつぐべき必要なきなり」ときっぱりと断っている。それはつぐほどの仕事ではないというのではなく、ラサールは田舎の小さい町で石炭掘りばかり、大望のある者のいるところではなく、「其上ケーラス氏と云うは、世間にて想像する又は其著書に現われたる人物と違い、余り感心すべき所なし、こんな処へこんな人の世話にならんとて、わざわざ万里の波濤を超んこと、余り勧めた話しにあらず。米国へくるより英国へ往く方余程よかるべし。君が友人の希望をくだくは無残なれど、遠く離れておりては事情の通ぜぬ処あり、依りて一言すること此の如し」とケーラスに手厳しい。西田の紹介依頼によって、大拙はこの十年の悔しさと憎しみと嫌悪とを思い起こし、ありったけの思いをぶつけている。しかし、「こんな処」で「こんな人」の世話になるのもあと少しである。大拙は気持ちを切り換えて、「帰国の上は君等の世話を頼むより外なかるべし」と就職口を探してもらうのだ。

ケーラスとは信頼関係も築けず、尊敬もできず、ついには憎しみさえもつようになった大拙だが、それでも影響は受けている。アメリカから帰国した翌年に、雑誌『禅道』を創刊していることに、それは現れている。発行は禅道会で、会長は釈宗演、主幹鈴木大拙である。『禅道』創刊の発案者は大拙だろう。大正十(一九二一)年にも真宗大谷大学の教授に就任すると、学内にイースタン・ブディスト・ソサエティ(東方仏教徒協会)を設立し、英文雑誌『イースタン・ブディスト』を創刊した。ケーラスのもとで、「科学としての宗教の振興を目標とした『オープン・コート』と、同じ主題のより哲学的論文を掲載した『モニスト』」の編集に携わってきた経験を活かして、自由に仏教を論じる場を掌中に収めている。何よりも、十一年間も両誌の編集、校正をしていれば、禅を読者に伝える技術を学ぶことができただろう。日本で西洋哲学を学んだだけに、ケーラスからの西洋思想の吸収は容易だったと思われる。

帰国は決めたが、大拙には仕事が残っている。ケーラスの助手はもちろんだが、宗演のアメリカ巡錫《じゅんしゃく》中の講演を中心にした英文法話集の出版である。これを翌年の一月にオープン・コート社から刊行した。釈宗演著、鈴木大拙訳の *Sermons of Buddhist Abbot* を鎌倉の宗演に届けるとき、大拙は表紙の見返しにこう書いている。

明治三十八年の夏より三十九年の春に至るまで、吾師と共に、太平洋岸波静かなる処に脱塵の境を楽しみ、又北米大陸を横断するの途中、予が十年蟄屈《ちっくつ》の居を経て、大西洋岸、天下の富をあつめたる新世界の首都にまで、随伴したるは、予が北米生涯中の最も幸福なりし一節なり、その紀念としては、此書に及ぶものなきを信じ、併せて平生敬愛の情を表せんため、此に謹んでこれをわが楞伽《りょうが》老大師の猊座《げいざ》下に奉る／四十年一月十日此書製本成れるとき。

ようやく完成した。この文を書いているときの大拙の顔が彷彿とする。通訳のためにおよそ八カ月、宗演と共にアメリカ各地をまわった月日を振りかえりながら、地下のオフィスでタイプライターを打ち続けたのだ。宗演の講演録が、大拙の英訳本によってアメリカに広がるのである。大拙が勤めたところが出版社だったことも幸運だったといわなければならない。この文を読んだ宗演は、太平洋の波が押し寄せる海辺で切々と訴えた弟子の、十年の重さを受け止めただろう。大拙の帰国はもう目の前である。そして、ニューヨークのベーダンタ教会で知りあったビアトリスとの交信も大拙の心を弾ませていた。

欧州をめぐる旅に宗演は、紹介された植村伝助、関幸重の二人と同行する。彼らとイギリスのロンドンに着いた宗演は、ウエストミンスター寺院などを観てまわり、いくつかの大学を視察。キリスト教会の日曜集会に列することもあれば、八千人規模の孤児院を訪問することもあった。フランス、オーストリア、イタリアをまわったあとはスエズ運河、紅海からインド洋にでた。いよいよセイロン島コロンボに着く。ダルマパーラと再会し、次いでスマンガラ大長老とは二十年ぶりの再会である。八十一歳の大長老は、「眼光依然として人を射る、実に畏敬すべし」人だった。

ゴールで留学時代の施主と会い、かつて般若尊者に就学したカタルワ村の金沙寺へいく。般若尊者は八年前に遷化《せんげ》していたけれど、仏殿、舎利塔、菩提樹を拝し境内をめぐれば二十年の歳月がしみじみと胸に迫るのである。ここは宗演が室号とした「楞伽《りょうが》」の地である。万感満ちて、宗演にこの夜の眠りはなかった。

いよいよインドである。六日をかけてガヤに着く。すぐに馬車でブッダガヤに向かう。ゴータマ・スィッダールタが菩提樹の下で瞑想を続けて悟りを得、仏陀となった場所として、仏教徒にとっては最大の聖地であり、信仰の場である。セイロン大菩提会の派遣員エム・スマンガラ師を訪ね、一緒に正覚山前金剛座上の如来に礼拝する。

予パーリ語歎仏の偈文《げぶん》を朗唱して焼石の上に項礼す。予は仏陀伽耶《ぶっだがや》霊跡の存亡を耳にしてより茲《ここ》に三十年、何卒一たび親しく其地に入て如来の聖境を礼せんと渇仰景慕《かつぎょうけいぼ》してありしも俗界の事情意の如くならず、二十年前錫蘭《セイロン》に留学せしことありしも亦其機会を得ず、此行欧米巡錫の帰途万事を賭して遂に遠く茲に来り多年の卑懐を満足することを得たり、喜極りて熱涙頷に濺《そそ》ぐ。

(私はパーリ語の経典の偈文を唱えて、焼けた石の上に心から礼拝した。仏陀伽耶霊跡が今や滅びそうになっているのを知って三十年がたつ。何とか一度はその地に入って、如来の聖境に礼拝したいと渇望し敬慕していたが、俗界の事情で思うようにならず、二十年前は錫蘭に留学したこともあったが、その機会がなく、この欧米巡錫の帰途に万事を賭けて遂に遠くここにきた。多年の悲願をかなえて満足することができた。喜びのあまり熱い涙が流れて止まない)。

三十年前から一度は訪れたいと願っていた仏陀伽耶霊跡についにきた。宗演は発願文《はつがんもん》を塔の前に献じた。その一部にはこうある。

一切衆生無始より以来、無明煩悩《むみょうぼんのう》の雲に智慧の光を覆はれて此《ここ》に死し彼《かしこ》に生し、業道暗澹《ごうどうあんたん》として輪廻止むことなし。我今遠く伽耶城正覚山《がやじょうしょうがくさん》前に来り本師釈迦牟尼如来を敬礼して誓を宣ぶ。願くは如来が曾て一点無縁の大慈悲を以て衆生を救済し玉ひしが如く我も亦永劫不退転の信心に住して一切衆生を度脱《どだつ》せしめん。

抑々《そもそも》一切衆生を度脱せしめんには須《すべか》らく己が無始より以来薫習《くんじゅう》せる八万四千の一切の煩悩を利刀の乱麻を断つが如く其根蔕《こんたい》より断ぜざるべからず。

（すべての命あるものは限りない昔より、無明と煩悩のために善悪を弁別する光を覆われたまま迷いの世界を生きかわり死にかわり、貧《どん》、瞋《じん》、痴《ち》にさいなまれて、未来への希望もなく、輪廻止むことなし。私は今遠い伽耶城正覚山の前にきて、本師釈迦牟尼如来を敬い、誓いを宣べる。如来がかつて誰にも平等に、無限の慈しみをもって衆生を救済されたように、私もまた永遠に変わらぬ信心をもって、すべての衆生を無明の煩悩から目覚めさせたいと思う。その一切の衆生を目覚めさせるためには、自分が生まれる以前から身に染まった八万四千の一切の煩悩の絡まりを、鋭利な刃物で断つように其の根本から断たねばならない）。

宗演は大乗仏教の四弘《しぐ》の誓願《せいがん》（衆生無辺誓願度《しゅじょうむへんせいがんど》、煩悩無尽誓願断《ぼんのうむじんせいがんだん》、法門無量誓願学《ほうもんむりょうせいがんがく》、仏道無上誓願成《ぶつどうむじょうせいがんせい》）を述べている。衆生を救おうという誓願が第一で、自分の煩悩を断つという誓願が第二である。第三に壮大な仏の教えを学びとろう。第四は仏の悟りにいたろう、と。そして発願文の終わりの方では、「我幸に二千四百五十年の後、仏弟子の数に加はり遠く中印度の聖地に来て此の誓願を宣言することを得、珍重慶快《ちんちょうけいかい》自ら措くこと能はず」と、三十年来の思いをこめている。この衆生を救おうという願いは宗演の生涯にわたる信念で、明治四十二（一九〇九）年に刊行した『筌蹄録《せんていろく》』の中の「禅の要旨」でも、「世には遠く俗塵を避けて山に入りひとり自らを高うするものがあるがそれ等は禅の本旨を得たものと云はれない。禅は何処までも血あり涙あって俗世間のものを救ふという大慈悲心のあるものでなければならぬ」と書いている。俗世間の者を救うために自分の煩悩を断つのである。

さて、ブッダガヤの高塔の裏には大きな菩提樹が聳えている。その広げた枝の下には、石刻の仏像が立っていた。そして、仏陀が座した場所として長方形の石の台が、成道《じょうどう》の時の金剛座として祀られている。宗演は喜びの涙が乾かない目で、そこに仏陀の坐す姿を見たのではなかっただろうか。

塔の石段をくだって境内に入る。広さはおよそ「一町有半周囲十五間余なり」と宗演は記録している。内部の正面には金色の霊物を置き、階上の方に立像の仏体、階下には大小の仏像が数多くあった。周囲の壁には仏像が隈なく刻まれている。

三時ごろから激しい雷雨となった。霊跡を去り難いが、馬車でガヤに戻り投宿し、スマンガラ師と言葉がおぼつかないながら古今の歴史の話などをしてすごした。早朝、尼連禅河《にれんぜんが》（釈迦が沐浴したといわれる川）の橋を渡れば、水は悠々と流れていた。宗演の望みは四大霊跡（誕生の地、成道の処、初転法輪《はってんぼうりん》の処、入涅槃《にゅうねはん》の処）を参拝することだったが、雨季のため川の氾濫、道路や橋梁の破壊のおそれがあり、最も渇望した仏陀成道のところだけで諦めた。ガヤを発ち、コロンボから汽車で古都カンデーをめざしていくときの、宗演の見事な文がある。

……路は次第に嶮《けん》にして風光漸く佳《か》、海抜千七百尺の処に至れば眼下の野と山とはパノラマの如く開け、雲の晴れ行くあなたに村あり、霧の掛る陰に瀑布あり、一峯は高く天に聳え一嶺は斜に地に亘る。寸馬豆人そのままの景色……。

車窓を流れる雄大な自然を流れのままに描写している。この景色は二十年前にも一度見ていたが、新たな感慨である。ついに仏陀伽耶霊跡を訪ね、万感胸に迫る高揚もあり、風景を楽しむ余裕もある。二十年という歳月は、人に同じ風景を同じようには見せない。

いよいよ帰途の旅である。カンデーを発ってマーリガカンダの波止場から船に乗る。

又喚烏藤出此邦　又た烏藤を喚び此の邦を出づ
雲心水跡自従容　雲心水跡、自ずから従容
臨行懇説二三子　行に臨んで懇説す二三子
他日三登楞伽峰　他日三たび登らん楞伽峰

早朝に甲板に上れば、セイロン島の東端の山岳が煙のような雲に見え隠れする。二度もセイロンにきたのは宿因だったのだ。あの貧困にあえぎながら命をつないでいた日々を、知っている人はいるだろうか。今、思いだしても心が震える。そのセイロン島が遠ざかっていく。仏陀成道のところだけで諦めた無念がわき起こってくる。いつの日かもう一度くる。宗演は小さくなっていくセイロン島を見つめる。多くのものが胸に満ちてくる。

船客の長旅を慰めるバイオリンの合奏や、喫茶の時間の軍楽に、宗演は旅の疲れも心も癒されていく。二十年前、「デッキ・パッセンジャー」として乗船した記憶が、しみじみと思いだされる。

「……此眉山明水も今日ほど其秀美を感ぜらりしも可笑」と。

弾来屋裡没絃琴　　弾じ来たる屋裡の没絃琴
失韻之詩独自吟　　失韻の詩、独り自ら吟ず
万象森羅眼中尽　　万象森羅、眼中尽き
天空海闊似吾心　　天空海闊、吾が心に似たり

かつてこれほど満ちたりた思いで船旅をしたことなどあっただろうか。宗演は実にのびやかな心で船上の人になっている。ふつふつとこみ上げてくる喜び。このとき、まさに世界は宗演のた

めにあった。

香港を出た船は暴風雨に見舞われ、とても眠るどころではない。このときの様子を、「身を床上に横へて徳利の塗り盆の上を転展するが如し、安眠不可」と記録している。まさに酒呑みにしかできない喩えである。それにしても宗演は実に比喩の上手い人である。「鼠銭筒に入る」といい、「徳利の塗り盆の上を転展するが如し」といい、上品な比喩とはいえないが、もう一人の宗演を見るようである。船は上海から長崎を経て神戸に着く。横浜に着けば野村、海老塚ら、二、三十名に甲板で迎えられる。野村邸で晩餐、海老塚邸に宿泊。翌日には東慶寺に向かった。宗演の「行雲流水一年有半」の旅は終わったのである。

第七章　南船北馬

――布教伝道と第二の人生――

帰国した宗演は、東慶寺に植村宗光追悼の法要を営み、明治四十（一九〇七）年二月には自室の前庭に五重の石塔を建立した。宗光塔である。宗演の帰国に前後して、弟子の釈宗活がサンフランシスコに飛びだしていった。

長旅の疲れもとれないうちから横浜の有志に請われ、野毛大聖院で巡遊についての話をする。一橋会でも講話と、ひっぱりだこである。他にも宗演が日本に帰るのを待っていた人たちがいる。大岡育造、大石正己、野田卯太郎、早川千吉郎、朝吹英二など、官界、政界、財界の名士たちだった。野田が発起人となって碧巌会《へきがんかい》という会をつくっていた。毎月、三井集会所で宗演から『碧巌録』の講義を聴き、坐禅の指導を受けるというものだった。この碧巌会には毎月三百名ほどの参加者があり、中には女性や学生もいた。この会が機縁になって、あちこちで禅の会合が開かれるようになる。宗演は布教の対象として職業、性別、身分の上下を問題にしない。特に女性への布教に力を注いだ。それは、「賢母ナレバ子賢ナリ、母仏者ナレバ子モマタ仏者トナル」という考えからだった。これは信心深かった母親の影響だろう。必ずしもそうとは限らないのだが。

在家仏教に力を入れていた宗演にとって、この碧巌会の発足は願ってもないものだった。名士たちは人脈があり、裾野も広い。この布教によって入る財施は寺院運営の財政確立にもつながる。

寺院の財政について、宗演の考えはこうだ。越後の関興寺の住職になった古川堯道から、関興寺開祖遠忌《おんき》で接心会《せっしんえ》を営む準備として、信者から寄付を集めるつもりでいるという書簡がくる。これに対し宗演は、今、一般人が僧侶を軽蔑する原因はいろいろあるが、第一は世界の大勢に暗く、ただ寄付を求めることだと説いている。僧家が布教に努力すれば、世財は自らわいてくるものだという。もし、天下に寄付を求めるなら、せめて孤児院とか図書館、学校、病院などの社会的慈善か公共のことでなければならない。人に嫌われる寄付で報恩接心を営んでも、開山は喜ばないと手厳しい。寄付を当てにせず、布教伝道で財政を賄うという考えは、セイロンで南方仏教の美点としてあげた「能所財法《のうじょざいぼう》」（僧は法を施し、俗は財を施す）に通じているだろう。これも仏教の刷新を図る方法の一つとしているようだ。宗演は、「予の如き貧僧でも、法施を勤め居る御陰にて、何不自由なく一寺数口を支へ得て余りある事を感謝致居候」と、布教伝道で寺の財政を賄っていることを教えている。

一方、帰国の準備に忙しい大拙は、何より日本での仕事のことで頭がいっぱいだ。西田からの返信を読むと、大拙は仕事の選択肢の一つとして外交官を挙げている。宗演と共に領事館に出入りしているうちに、外国にいける職業もいいかと思ったのだろう。また、このころにはビアトリスとの間に恋愛感情も生まれ、彼女の父親が外交官だったことも多少は影響しているのかもしれない。しかし西田は、つまらない国にやられることもあるし、君には不適当ではないかと反対する。英語の教師になれば七、八十円の金はとれるし、思想界で働くのにも都合がいいだろうと、英語教師を勧めている。そして西田は、東京にいる田部隆次に、「鈴木大拙は来春帰国する筈なり余は彼が英語の教師でもしたら可ならんと思ふ　東京にて然るべき口なきか　神田先生にでも御依頼被下度候」と大拙の就職先の斡旋を頼んでいる。田部は西田が四高時代から親しくしている友人で、帝国大学の英文学選科を修了するとすぐに四高の講師になり、のちに教授になっていた。金沢にいる西田には、東京での就職先を探すのは困難で、友人に頼るしかない。田部は東京にいてしかも英文学の教授なので、適任と思ったのだろう。

大拙がヘーゲラーの篤志でヨーロッパをまわって帰国したのは明治四十二（一九〇九）年三月のことだ。藤岡作太郎や吉田好九郎らの薦めで八月には学習院の講師、十月には東京帝国大学（明治三十年、帝国大学は東京帝国大学に改称）文化大学講師を兼務する。大拙は生活の安定を急いだ。そして、生活の基盤をつくってアメリカにいるビアトリスを呼び寄せるのである。明治四十四年十二月、大拙は来日したビアトリスと横浜のアメリカ合衆国領事館で結婚式をあげ、野村洋三邸で披露した。仲人は宗演だった。

厳しい老師の宗演が別人のように変わるのはこのころからである。居士《こじ》の吉川泰獄は、「第二の御洋行後は、眼は依然として光っていられたが、一面また気味の悪い程好ぃお爺さん——おじいさんというと老師には叱られるが、これは内所の陰口として、たしかに好ぃお爺さんに早代りせられた」と証言している。

また夏目漱石は大正元（一九一二）年の秋に、満州への講演旅行を宗演に依頼し、その打ちあわせに、東慶寺を訪ねている。このときのことは、『初秋の一日』に記されているが、漱石が宗演と会ったのは二十年ぶりのことであった。「けれども其の二十年後の今、自分の眼の前に現れた小作りな老師は、二十年前と大して変ってはいなかった。たゞ心持色が白くなったのと、年の所為か顔にどこか愛嬌が附いたのが自分の予期と少し異なる丈で、他は昔の儘のS禅師であった」。「愛嬌」は、「好ぃお爺さん」につながるだろうが、まるで一つの殻の中に厳しい師家《しけ》という実と、「好ぃお爺さん」という実が共存しているかのようだ。それにしても、何が宗演を「好いお爺さん」に変えたのだろう。

釈宗活や古川堯道などの法嗣を得て、師家としての肩の荷がおりたこともあるだろう。禅の布教活動のきっかけをつくった万国宗教会議の成功もあろう。それはケーラスの『仏陀の福音』のヒットを準備したし、大拙をアメリカに送りだすことにもつながった。アメリカに撒いた禅の種は、如幻や宗活が苦境の中で育てている。悲願であった仏陀伽耶霊跡の礼拝も果たした。十代のころ、儀山善来《ぎさんぜんらい》に「長命は覚束ないぞえ」といわれた通り、宗演は四十歳までは生きられまいと思っていた。それを思えば、充分に生きた。病弱ではあるが、まだ体力はある。こうした境涯が、宗演の心を自由にしたということはあろう。修行の実りをもって、俗世間を生きるということがある。『十牛図』（悟りにいたる十の段階を十の図と詩で示したもの）でいえば、悟りの最後の階梯を示す「入鄽垂手《にってんすいしゅ》」、つまり心身の武装を解いて巷間に入るのである。いろいろな意味でのこだわりが失せ、自由になれば、「好いお爺さん」の実が殻を破ってくる。四十代も、もう終わりである。俗世間のいい方をすれば、ここから宗演の第二の人生がはじまる。

さて、宗演には巡教を請う者が絶えることはなく、国内はもとより台湾、朝鮮、中国とめまぐるしい巡錫《じゅんしゃく》ぶりである。まさに「南船北馬」であった。

世を捨てし身にも旅路は面白し　舟も車も我庵にして

歌の出来の良し悪しは別として、内心の歓びを素直に、作為を捨てて詠んだ作として味わいたい。鉄路はのびる。人力車や自動車の普及もある。布教伝道の旅も広範囲に広がっていく。これを苦としないのは、布教への使命感だが、それを旅好きという心情が支えてもいる。もはや管長職もなく、ようやく「無位《むい》の閑道人《かんどうにん》となり、法のため天下に横行したい」という願いがかなったのである。このころからの宗演は、禅僧よりも在家信者の指導に力を入れながら、衆生を救うための布教伝道に全力を注ぐ。

宗演の帰国後の活動にはめざましいものがある。たとえば、帰国一年後の七月末より敬俊を随伴して東北各地の巡錫に出ているが、その旅程は以下のようだ。三十日に福島市公会堂で講演をしたあと、米沢の議場で今北洪川の『禅海一瀾《ぜんかいいちらん》』を講じること五日間、この間、関興庵《かんこうあん》に留錫し、参禅を受けている。八月五日、米沢より弘前に入り、青森出身の弟子、千崎如幻《せんざきにょげん》が創立した私塾仏苗学園で法話、仏教道交会の講話会として朝陽小学校で二回講演。七日に弘前を出発して青森から函館に渡り、曹洞宗高龍寺で一週間の禅会。さらに八戸の小学校で講演。越後に向かい十九日より四日間、長徳寺で『禅海一瀾』を講じたが、参禅もある。中条の広厳寺、村上宗福寺、新潟西堀小学校、長岡市興国寺、同小学校、亀田町通心寺などで講話。居士邸に休泊。三十、三十一日は柏崎中学で『臨済四料簡《りんざいしりょうけん》』を講じている。つまり、この八月は一日たりとも東慶寺にいることはなかったということだ。超人的スケジュールという他はない。おおむね一年の三分の二を巡錫についやしている。

仏苗学園では法話のあと、夕方に少女らが催す歓迎会があった。十三歳の少女が代表して歓迎の詞を述べる。少女たちはかねて恩師如幻より宗演のことを教えられている。「茲《ここ》に尊く有りがたきは、かねて恩師より賜り、朝夕御慕ひ参らせし老師様を、今のあたり拝みたてまつることでございます。私ども何の幸か、生れやすからぬ人間と生まれ、辱《かたじ》けなくも御仏の、御恵を蒙むることを得ました。今より一入心《ひとしお》を励まして修行致しましょう」と述べて宗演を感動させた。仏苗学園は、事情を抱えた少女たちのための施設なのだった。ここでの法話は、再三にわたる来《らい》錫《しゃく》依頼の熱情に動かされてのものであった。
唱歌や琴の独弾の発表などの余興があり、宗演も二十分ほど「信と希望」について平易に説き聞かせた。翌朝、道交会員や仏苗学園の少女らに見送られて汽車で青森に向かう。このとき、可憐な少女が見せた、祖父を送るような無垢な真心に、宗演は一種の感慨に打たれている。民衆から尊敬の目を向けられることに慣れている宗演が、少女の無垢な眼差しや態度に、ふと孫のような温もりを感じたのだ。宗演には、激しい気性と共に人恋しい血が流れていた。ことに「好いお爺さん」になってからは、この血の熱さを抑えられなくなっている。

この東北巡錫の折り、宗演は佐藤忠三（のちの禅忠）の岳父と会う。忠三は元津軽藩士の三男として弘前で生まれた。如幻が円覚寺から弘前に帰ったとき、その法話を聞いたのが縁で、血書の願書をだして宗演に相見を乞うてきた。血気盛んな二十四歳の書生である。ところが彼の父親は寺も僧侶も嫌いな人であった。宗演は弘前訪問の機会に、忠三の父親に宛て「御来駕を乞う」と葉書をだしていた。「宗演禅師来弘」の新聞記事を目にして、訝しく思いつつ父親が宗演の待つ長勝寺に赴くと、大書院の奥に宗演が端坐し、両側に僧侶や居士が居並んでいる。これは何事かと居ずまいを正す父親に、「先般、御令息忠三殿、余が寺に来て出家を乞われた。血書の願書、その志しも御堅固故内諾しました。法門のため何卒貴殿も御許容下されたい」といわれ、父親は思わず「ハッ」と低頭してしまった。宗演は間髪入れず、「早速御承諾、法幸至極ハイ」という。

息子の血書の願書どころか、出家の話ができていることさえ知らなかった父親は呆然となる。あとになって、「あの和尚の眼光にやられた」と悔しがった。宗演は自身の目の効果を知っていて、むしろその鋭い眼光を気に入っていた。たとえば、シカゴでケーラスと会ったとき、「炯々《けいけい》たる眼光」と、その目を特徴としている。二十年ぶりにセイロンでスマンガラ大長老に再会した際も、「眼光依然として人を射る、実に畏敬すべし」と記した。

その後、忠三に宗演から出家を促す督促状が届くと、父親の許可状がきた。忠三が東慶寺に入ったのは九月。彼はのちに佐藤禅忠となって宗演の法を嗣《つ》ぐ一人となる。このころの宗演は「好いお爺さん」と、厳しい老師の顔を上手く使い分けている。

大正元（一九一二）年十一月十一日、南満州を巡錫した折りに、故郷高浜に立ち寄った五十二歳の宗演の短歌がある。

年老いて杖に曳かる丶人見れば　幾世距《へだ》てし父かとぞ思ふ

父は二十年も前に他界している。十歳で故郷を出てから会う機会は幾度あったか。越渓守謙《えっけいしゅけん》と共に高浜を出る宗演に贈られた、「達者で暮せよ」という親の一言の重みを知ったのはずっとあとのことであろう。大寺をもたずとも、高僧にならずとも、親は子にただ元気で生きていて欲しい。たとえ、越渓守謙がそばにいることを恃《たの》みにしても、体の弱い子を案じる親の心から染み出る言葉はこれしかない。人としての宗演は、十歳で親元を離れ、次々と家族を失ったことで、終生故郷に人一倍強い思いを寄せることになった。高僧となった宗演の胸の底にも、幼いころに刻まれた哀しみが張りついていたのである。

「昔のことやからなあ。酒が好きやったいうことだけしかわからんわ」。

高浜で出会った老人の言葉である。十歳で出奔した故郷で酌み交わす酒は旨く、身に沁みただろう。高浜から知人に宛てた絵葉書に、宗演はこう記している。

小少出家志未酬　小少より出家して志し未だ酬いず
人生五十似懸流　人生五十、懸流に似たり
欲呼旧友談今昔　旧友を呼んで今昔を談ぜんと欲すれば
半入黄泉半白頭　半ばは黄泉《よみ》に入り半ばは白頭

歳月のすぎ去る速さは驚くばかりだ。僧侶として生きた歳月の中で、宗演は以下のような短歌を詠んでいる。

心よりやがてこころに伝ふれば　さく花となり鳴く鳥となる

いく世へて朽ちぬ心のほの見えぬ　雪間ににほふ老梅の花

わが身には昨日もあらず今日もあらず　ただ法《ほう》の為つくすなりけり

ゆめの世にゆめの此身のしばしありて　み法《のり》をぞ説く天地《あめつち》の為

人のため世のためつくる罪ならば　我は厭《いと》はじ地獄の火をも

短歌は佐々木信綱に学んだといわれ、俳句は「単に興に乗じて句作」したという。次の句は、宗演の心をとらえた一瞬が、一句に命を吹きこんでいる作である。

老僧の眉皆白し花祭

大正二（一九一三）年の春、俳句をたしなむ鎌倉の居士の家で、宗演と高浜虚子とが偶然に出会った。宗演は初対面の虚子と浮世話に興ずる好々爺だったが、梅の話などから句作となったとき、宗演が詠んだ句である。僧侶は剃髪しているから白髪がわからない。有髪であれば、白髪が目立つから眉の白さは見逃してしまいがちだ。ことに花祭りで、若僧と老僧がいれば、眉の色の違いがよくわかる。花祭りという華やかさの中に、老いの静かな気配が流れている。

秋の蚊に禅僧の坐揺るぎけり

信州へ巡錫したおり、前出の居士らが随行の敬俊の歓迎句会を開いた。休んでいた宗演が、仲間に入ってきて詠んだ句である。セイロンからの帰途、宗演が船上で蚊の大群に襲われたことが思われるが、何も蚊ごときで集中できない僧侶を情けないといっているのではない。蚊が見えたわけでもない。僧侶の体が揺れた一瞬を捕らえ、書き留めた。黒衣の若い修行僧がありありと浮かんでくる。

帰り行く人影低し朧月《おぼろづき》

翌年の春、宗演、敬俊、虚子、星野家の人たちや居士ら数人が鎌倉の小町園で、朧月の一夜を語りあったときの句である。句作の場所や雰囲気が、句に照り映えている。宗演の短歌は内面を見せてくれるが、俳句は感性を伝えてくる。晩年の宗演は俳句愛好者が集まっている場では、自らすすんで句作することがあったようだ。病気見舞いの菓子折りの包み紙の上にも、「病院の中をも照らす初日の出」という句が添えてあり、上手下手などいっこうに構わないのがおもしろい。

大正三（一九一四）年五月、七十三歳になっていた真浄が大阪法雲寺の接心会で突然遷化《せんげ》する。真浄は、宗演が叔父のように、また法兄のように慕っていた人である。真浄が静岡市興津の清見寺住職となってからも、宗演はたびたび訪れていた。そこで二人は酒を酌み交わし、心を許して語りあった。

真浄の侍者である宗謙に向かって宗演が、「オイ、宗謙、此和尚はな、衲《のう》の頭を火吹竹でくらはしたのだぞ」という。真浄は大笑いして、「ウム此和尚はな、今でこそ偉くなったが、衲に寝小便をかけて困らしたもんだ」と応酬する。生涯を通じて、真浄とは親しい間柄であった。宗演は清見寺の要請で、葬儀の導師を務める。

宗演は火葬の法語を挙げる途中で絶句した。真浄の弟子の朝比奈宗源がどうしたのかとうかがうと、宗演は歯を喰いしばって嗚咽を堪えていた。しかし、双頰に流れる涙は隠しようもない。間もなく宗演は平静に戻って務めを終えたが、参列者は皆もらい泣きをした。宗源は、鎌倉に戻った宗演から「本師の急逝で定めし力を落としたであろうが、これからは及ばずながら私が貴禅の力になってあげよう。私を本師の代わりと思っていよ」という書簡を受け取っている。宗源は師を失っておよそ二年後、鎌倉の浄智寺にいた宗演の法嗣、古川堯道の弟子になってその法を嗣ぐ。

真浄は明治四十四（一九一一）年より臨済大学（現・花園大学）学長および花園学院総監になっ

ていた。その職務もありながら、台湾に巡錫し、国内を「南船北馬」と多忙を極めていたのである。その真浄の遷化によって、宗演に臨済大学学長後継の依頼がくる。辞退すると名義だけでもいいといってくる。宗演は名前だけというのは無責任で苦痛だと断るが、請聘使《しょうへいし》を差し向けられてついに「真浄さんのあとならば」と承諾してしまう。五十四歳の宗演は臨済宗大学花園学院学長に就任した。盛大な就任式でも学長の挨拶があったが、数日後の一般学徒への訓示に、宗演の平素の覚悟が表れている。

諸士は学術の研鑽《けんさん》元より肝要なりと雖《いえど》も、之を以て決して能事畢《のうじおわ》れりと思惟する勿《なか》れ。若し誤つて而か思惟せば、之れ徒《いたず》らに社会の風潮を遂ひ、糟粕《そうはく》を嘗《な》むるに過ぎず。臨済大学の学徒は、臨済大学の学徒たる厳然たる一の特色を発揮せざる可らず。其特色とは即ち禅の修養なり。学術の研鑽と禅の修養と相俟つて、始めて関山門下の学徒たるなり。諸士は知者たり学者たり才者たるを以て最後の目的と為す勿れ。其の得たる知得たる学得たる才を縦横無尽に活用して以て、法の為めに尽くすを最後の目的とせよ。法の為には喪身失命を避けざる大決心、寝床にも忘るること勿れ。徒に些事に齷齪《あくせく》せず、私見に拘泥せず、一視同仁《いっしどうじん》宗護法の大宗教家を以て任ぜざるべからず。……

（諸君は学術の研究が大切といえども、これで為すべきことが終わると考えてはならない。もし誤ってそう考えるなら、社会の時勢を追い、精神のないその残りカスをなめるだけである。臨済大学の学徒は、臨済大学の学徒である厳然たる一つの特色を発揮しなければならない。その特色とは禅の修養である。学術の研究と禅の修養とがあって、初めて臨済門下の学徒である。諸君は知者で、学者で、才者であることを最後の目的としてはならない。大学で得た知と学と才を思う存分に活用して仏法のために尽くすことを最後の目的とせよ。仏法のためには命を投げ出す覚悟を寝る間にも忘れてはならない。小さなことにあくせくせず、私見にこだわらず、平等で親疎の別なく仏法を護ってこそ大宗教家である)。

かつて慶應義塾に学んだとき、キリスト教の宗旨と学術とを一体にした教師に憤りながらも、学術が必要であることは認めた。しかし宗演学長は、学術の研究が最後の目的ではなく、「学術の研鑽と禅の修養」をもって仏法のために尽くせと、学術に走りかねない学徒を戒めている。

そして二年後に、その年の卒業式をもって学長を辞任すると、再び円覚寺派管長に就任する。役職の苦手な宗演が、なぜ管長を受けたのか。宗演は、海外はもちろん国内をも巡錫する体力が残っていないことを自覚していた。体力はさらに年を追って落ちていく。しかし、宗演の性格として、ただ東慶寺におさまっていることはできない。それなら管長になってできるかぎりのことをする。これが最後の務めと定めたのではなかったか。この年の十二月には夏目漱石の葬儀で導師を務めている。

宗演は果たしてスーパースターだったのだろうか。そうではない。晩年には宗門でも悪口を叩かれ、批判もされている。大拙は、宗演の遷化から一年を経たとき、「逝ける老師を世間の或る人は俗僧であると罵ったのもある」と述懐している。大拙にはそんな讒言《ざんげん》の由来がわからない。「併し予はそんな気がしたことは一遍もなかった。老師には書斎でも禅堂でも公会の場合でも旅行中でも随侍したが、そんな感じは少しも覚えないのである」。

また真浄の弟子であった朝比奈宗源は「楞伽窟《りょうがくつ》老師の思い出」の中で、「私が雲水生活に入った当時、宗内の老師に対する評判は是非相半ばしていた。老師が卓越した力量の人であることは大抵の人が認めていたが、漫然とハイカラであるとか、新しがり屋だとか、若いときはバラ（素行がよくないという叢林の通用語）であったとかいう評が相当高かった」と書いている。慶應義塾時代の素行が後々まで伝わっているのだろうか。海外布教や、宗演がめざした仏教改革のことを指すのかもしれない。官界、政界、財界にわたる支援者たちの華やかなネットワークのことも知れ渡っていた。

布教伝道に力を入れれば、居士や参禅者と行動を共にすることも多くなる。晩餐を共にすることもあるだろうし、会食に招かれることも多い。宗演はだされれば、公衆の前であれ肉を口にした。一人だけ別の食事を用意してもらうのは、余計な迷惑をかけるという、これは配慮なのだ。だが、そうは取らない人も出てくる。「破戒ぼうず」「宗演の牛食い坊主」といわれる。「美女を擁して斗酒なお辞さない、豪放闊達な逸話」も多数あると、ついに「美女」まで登場する。

宗演が、京都の芸者に宛てた書簡がある。晩年の宗演が京都に滞在中にかけた、ひとかたならない「御労煩」に対する礼状である。

我等よりも貴姉の如き身は、紅塵萬丈《こうじんばんじょう》の内にありても、世の中を夢と観じ、面白可笑しく貴賤萬人の心を、談笑の中に操縦して、其日を愉快に送られ候事羨ましく存候。

芸者にしてみれば「談笑の中に操縦」するのは、花街という戦場における武器の一つだろう。華やかに見える世界で、世の中を夢と観じて芸者が勤まるほど甘くはないはずだ。たしかに世俗の現実を宗演はわかっていないかもしれない。しかし、「夢と観じる」ことと、修行によって摑む異なった現実、ここに橋が架かるではないか。宗演は、この一点に賭けて紅塵萬丈の巷に生きる人と、禅僧として生きた対話を交わそうとしているのだ。なかなかの僧侶ではないか。

明治三十三（一九〇〇）年ころ、野火止平林寺で大休の晋山式《しんさんしき》（住職着任の式）があり、その後、興に乗じて各人がそれぞれ芸事を披露したことがあった。そこで宗演は「鉄道唱歌」の東海道線を終わりまで歌い、列席した者は舌を巻いたという逸話がある。また宗演は都々逸《どどいつ》も得意で、「何をくよくよ川端柳……」と唄う節まわしも堂に入ったものだったという。そのような場での経験も多かったのだ。しかし、晩年には都々逸などおくびにもださなくなった。

大休が、『智情意具備の人』としての宗演を語っている。

洪獄老漢は、単に智の方面から見ても、単に情の方面から見ても、単に意の方面から見ても、世間の所謂《いわゆる》智の人、あるいは情の人、あるいは意の人に比べて、決して遜色がなかったと思う。……宗演和尚の情の力は、たしかに普通以上であったと私は思う。和尚は、ちょっとした悲劇でも見るとじきに泣き出す人であった。……しかるに、和尚は、あれ程の智力と意力を持ちながら、少し悲しい芝居を見ると、公衆面前でさめざめと泣いた。

大体は、智のかたまりは情に薄いけれど、宗演はそうではなかったというのである。大体がみた宗演像はこうだ。

和尚が品行上、兎角の批評あるの故を以て意志の力を疑うものもあるようだが、和尚は決して意志の弱い人ではなかった。……それでは宗演和尚は智情意兼ね備えた、完全な人物かと云うにそうではない。どうせ人間に完全ということのあるべき筈がない。宗演和尚位ならば、まずまず上等として置かねばなるまいと云うのさ。

最後はいささか居直り気味だが、この人を見るのに、俗世間の物指しをもってきて、何になるのかといいたいのだ。つけ加えれば、勉学に長けているのに、ついに英語を習得することはできなかったし、酒と煙草は、セイロン遊学に際して「喫煙飲酒を廃す」としたものの、帰国すれば元の木阿弥であった。二度目の渡米では、「既往三十年あやまって此毒にかかり、嗜好殆ど病となれり、今故国を去りて欧米に遊ぶに臨み、其非を悔いて之を断つ」と再び決心している。これでこそ釈宗演は身近な高僧である。

大正五（一九一六）年、宗演の体調は優れない日が多かったが、暮れにはどうやら健康を取り戻したようだ。熱海の医王寺にいる敬俊からの書簡への返信に、病気全快の記念ができそうだと書いている。しかし病後の敬俊には、医王寺の和尚や老尼らは元気なことだし、梅の花の香りのある所で、今や一家父子兄弟団欒の年越しの計画を立てることができるのは羨ましいと書き送っている。それに比して、「衲《のう》は御存じの如く、世俗の生涯としては極めて不幸の者、父母なく兄弟なく亦師父なく寥々《りょうりょう》とした天地一箇孤独の可憐生に有之候」と、病後の敬俊を励ましているのだ。そしてこちらは、「一月三ケ日は宗源禅士、鍛屋の娘（実は老娘）二人を台所の加勢に頼むことに致候」。「実は老娘」は宗演流の茶目っ気だが、敬俊の気持ちを少しでも明るくしようとする心が見える。

熱海の医王寺は、敬俊が十代のころに修行した寺である。宗演は病弱な敬俊のために、雪深く寒さ厳しい越後よりも、温暖な熱海にある医王寺にあずけたものと思われる。しかも熱海は敬俊の生まれた所でもあった。子供のころにすごした熱海は、病弱な敬俊を慰めることもあったに違いない。翌年に敬俊は武州平林僧堂の大休の室を叩いている。

敬俊は三十九歳で印可を受け、宗演の法嗣となった。八歳で徒弟になってから約三十年が経っていた。宗演が敬俊にだした大正六年一月十八日付けの書簡の末尾に記された宛て名は、熱海の医王寺の「敬俊座原　座下」となっているが、同年七月三十一日付けでは、越後の関興寺で、「拝上　大眉《だいび》老和尚　座右」となっている。印可を受けた敬俊は、釈大眉となって越後の関興寺へ戻ったのだ。宗演はどんなにか嬉しかっただろう。鈴木大拙や釈宗活など、宗演の弟子となった者は大勢いるが、彼らの最初の師は今北洪川であった。宗演を最初の師として三十年の仏縁をもった者は、おそらく大眉が初めてだったのではないか。


大正七(一九一八)年になると、宗演の体調は優れない日が多くなる。一日六回、薬の服用を続けながら、連日の接心会、講演会などをこなす。医師からは一日三十分以上の講演を禁じられていたが、守ることもできない有様である。その移動も東京だけでなく、横浜、飯田、諏訪と、交通の便が良くなればなるほど広範囲になってくる。

「人は病後を大事にせよと云うけれど、そう云う後から何処へ来て講演してくれとか、説法してくれとか云う。そう云わるれば否と云うわけに行かぬ。愈々《いよいよ》出かけて行けば、生半可な好加減なことが出来ぬ、力の出せるだけ出す、結果のよしあしなど考えて居られぬ」と宗演は大拙に語っているが、体力の衰えも病気の進行もかまってはいられない。そして、東慶寺にいるときは、文書や来信の整理、揮毫《きごう》、訪問客の応対に追われるのである。

書簡の交換については、晩年に傍に侍した居士の吉川泰獄の証言がある。宗演からの来信は書状と葉書を取りまぜて三百余通に達しているという。泰嶽は子供が風邪をひいた、虫歯が痛む、赤飯を食べすぎて腹が苦しいという書簡までだしており、これにも宗演は丁寧に見舞いや戒めの書状をだしている。頻繁に便りを寄せるのは何も泰獄だけではなかっただろう。見かねた大拙が、代筆を侍者に命じたらと勧めても、「受信者の方から見ると、代書では不平であるだろうし、自分も何だか気がすまぬ」と、ほとんどを自分で書いている。この筆まめは誠実さとしても、ここに宗演の孤独が見える。親もなく、妻も子供ももたなかった宗演のいい知れぬ寂しさが、やはり人恋しい血となって人の心に添わせ、人を引き寄せたのである。

冬の夜は一家団欒として灯火に炉を囲み、兄は得意の三国志を繙く、父は晩膳の微醺《びくん》に居眠りを始める。嫂は吾児《わがこ》の為に春服を縫うに余念なく、母は下婢に明晨の炊事を指示する。かくして窓外雪折れの竹の声に、寝に就けよと気を付けらるることも多かりしなり。夏はまた例の「楽しみは夕顔棚の下涼み」と出掛ける。団扇、麦湯、笛、切り灯籠なぞ、老幼男女各々好むまにまに夜を深《ふ》かして一日の労を慰さむが常であった。私はこういうふうな家庭に人となりたのである。

自伝『衣のほころび』の「予が家庭」である。子供の幸福に満ちた暮らしだった。その後の宗演は師にも恵まれ、叔父のような、また法兄のような真浄がいた。家族ぐるみで支えてくれる居士もいる。弟子もいる。世間からも尊敬されている。しかしこれらすべてをひっくるめても、「達者で暮せよ」と病弱な宗演を送りだしてくれた肉親の情にはおよばない。高僧ゆえに、「寥々とした天地一箇の孤独の身」を感じることもあるだろう。この年の十二月二十五日付けで宗演は、「賊後弓」と表書した遺言書を残している。「肺壊疽《はいえそ》」は宗演の胸を深く侵していた。

大正八（一九一九）年、年が明けても雪は降り続き、鎌倉も四十年来の雪の年であった。二月に入っても一晩で一尺あまりの雪が降る。宗演は慢性的気管支炎に悩まされていた。前年に罹った肺炎が未だ癒えないため、病床に伏すほどのことはなくても、滋養をとって激務を避けて暮らしていた。しかし、各所の例会も休んでいるのに雑務は次々に生じてくる。宗演は越後の関興寺の住職になっている大眉にこのような近況と、大眉にも縁のある人の逝去を知らせる書簡を送るとき、気持ちは一年ずつ若返るのに、肉体は老境というより病弱になってしまったと打ち明けている。ここ三十年ほど、さほど健康でもないのに無理な活動を続けてきたから、この器物も破損したのだ、と。またパリで世界平和会議が開かれるから、これを機会に欧米の再行脚もしたいところだが、今のところは空想に終わってしまう、と。まだいろいろ書きたいこともあるけれど、「最早黄昏に近づき候に付」と筆をおく。

窓の外は雪の明かりがあっても、書斎の闇は濃くなってゆくばかりだ。二月の短い陽は、筆をおいた宗演の影を闇の中に消していく。刻々と暮れていく窓の外に、越後にいる大眉が見えていたのではなかったか。若いころは手を焼いたこともある大眉に、最晩年の宗演は気弱な心情を吐露する。

体に格別の異常はないが、寒中の外出は一切禁じられていた。気分がよくても一室に引きこもって炬燵にあたっている始末である。講演も禁じられていた。これまでも宗演は暑い夏を、日が長いことを理由に苦にしていない。いや、むしろ好んでいた。冬や雨が苦手だった。講演にも出かけられない冬をさぞ長く感じたことだろう。

還暦を迎える宗演の祝賀行事が計画されていた。それは大眉たちの発案で、門下道俗の有志者を募って一団体をつくり、宗演と共にインドの仏跡参拝を遂げようというものだった。この計画を知らされた宗演の心は奮い立つ。四大霊跡を弟子や居士と一緒にめぐることができたらどんなにいいだろう。案内役は任せておけ。そして、「他日三登楞伽峰　他日三たび登らん楞伽峰」と吟じた夢を実現させられたら……。しかし今年中には無理だろう。はかない希望も、しばし宗演を慰める。

このころの宗演を慰めていたのは、来客だった。「殊に晩年は御機嫌伺いに参上すると、非常に御喜びになる御様子が明らかに見えて、楽しみのことであった」と吉川泰嶽は追悼文「父さん母さん」に書いている。泰嶽にとって宗演は師であるが、「ある方外の因縁から」、密かに「父であり、母であった」という。東慶寺に来客のない日はないというほど、宗演の「手記」には訪問客の名前が連なっている。だが、少し暖かくなると、宗演はじっとしていられない。甲府や京都まで法話、提唱にでかけている。

夏になって、宗演は静養に入る。十一月一日、宗演示寂。五十九歳だった。その死を悼む人たちの様子を、吉川泰嶽が追悼文に書いている。

僕はこれまでかくの如き荘厳なる葬儀を未だ嘗て見たことがない。会下《えか》の諸尊宿、中には既に一山の管長もあり、師家もあり、いずれも平素堂々たる大和尚ならざるはなきに、襷《たすき》がけ甲斐甲斐しく、形も心も昔《いにし》えの雲水時代に立ち帰りて、師匠の霊龕《れいがん》を荷いて、粛々として塔《たっ》処《しょ》を差して進む。観音堂の手前から一声に起こる四句誓願《しぐせいがん》の唱え、それが松が丘の杉の森を通して、余韻長く引いて、左右の丘に反響する。あちらでも四句の誓願、こちらでも四句の誓願、細雨、花に洒《すす》ぐ千点の涙、淡煙、竹を籠む一堆《いったい》の愁いで、数百の会葬者は皆泣いた。泣きつつ唱え、唱えながら泣いた。泣かない者は一人もなかった。

厳粛で悲しみに満ちた葬儀であった。四句の誓願を唱える声がうねりながら大きな山襞を這い上がり、細雨の中へ消えていく。宗演の霊龕を荷う僧侶たちの行列が目に浮かぶ。漱石が、「暗中に卒然として白刃《はくじん》を見る思があった」と形容した目を閉じた宗演は、東慶寺の後丘に眠った。

円覚寺仏殿で、派葬の礼をもって津送《しんそう》（本葬）が行われたのは十一月三十日。道俗数千人が会葬した。円覚寺派からは、「特住円覚寺中興開山洪岳演和尚大禅師」の尊号を贈られている。遺金は遺言により、東京帝国大学での仏教講座開設、東慶寺の基金、故郷の高浜小学校などにすべて寄贈された。東慶寺の石燈には自作、「わが身をば何にたとへん白雲の山ある里は家路なりけり」が古川堯道の字で刻まれている。僧侶としての短歌が多い中から、なぜこの歌が選ばれたのかはわからない。しかし、故郷と家族を恋慕う宗演の哀切な気持ちがよく表れている。この歌こそ出家から五十年の歳月、宗演の心を占めていた思いだったに違いない。

東慶寺の山門は長い石段をのぼったところにある。これが駆けこみ寺だったのかと思うと、この石段を命がけでのぼる女人の姿が見えてくるようである。境内は薄紫の萩と、白い萩がこんもりと茂って風に揺れていた。大正十二（一九二三）年九月の震災で、本堂、書院、土蔵などが倒壊した。大きく破損した庫裏《くり》、隠寮《いんりょう》、門などは復興されたが、昭和七年に土蔵跡に移建された隠寮も昭和四十七年に取り壊された。宗演が長くすごした隠寮はもはやない。本堂は昭和十年に完成した銅板葺の建物だった。境内には梅やしだれ桜などが植えられている。

帰り来て見んと思ひし我庵の　庭の桜は散果てにけり

講演、あるいは巡教の旅から帰ってくると、桜は散り敷いている。樹木に季節の移ろいを見るのを楽しみにしていたようだ。松ケ岡宝蔵の前をすぎて参道を歩いていくと、開山覚山尼の墓の前方上段に開いた墓地がある。楞伽窟《りょうがくつ》と記した卵塔《らんとう》の真下に宗演は眠っている。宗演を見守るように大きな銀杏の木が数本あるが、色づいて、散っていく様子はさぞ見事だろう。さらに奥の墓苑には鈴木大拙、西田幾多郎、高見順、田村俊子、野上弥生子らの墓がある。山の大きな襞に抱かれた墓苑は、深い緑の苔がこの世の音を吸いとってしまうのかと思われるほど静かだった。

終　章　ZENは世界へ
――弟子たちの苦難の道は遠く――

宗演が遷化《せんげ》したあと、弟子たちはどのように海外布教に力を注いだのか。宗演の撒いた種が芽をだし、育った様子を知らなければ、ヨーロッパ禅、アメリカ禅の現在も見えてはこない。「世界の禅者」となった鈴木大拙が、英文著書や講演で宗演がめざした世界布教に尽力したのは多くの人が知っている。しかし大拙ほど知られてはいないが、アメリカで禅を実践して広めた千崎如幻《せんざきにょげん》を忘れることはできない。大拙とは別のかたちで宗演の志を継いでいるからである。ゴールデン・ゲイト・パークで宗演と別れた如幻は、仕事を転々としながらも、どこの教派にも属さず、お金が入ればいずこかのホールを借りて、独力で仏教講演会を開いていた。如幻はこれを「浮遊禅堂」と名づける。「蝸牛の殻」のように自分で運べる小さな禅堂であった。このころになると、日本の仏教教団はアメリカ布教に力を入れ、寺院の設立にも力を入れていく。そんな中で、小さな禅堂を背負って街から街へと一人で伝道に努める日本人の姿を想像できるだろうか。街角に小さな禅堂を建て、仏教を説く日本人の声にどれだけの人が立ち止まっただろう。如幻にこれほどの苦難の道を歩かせたものは何だったのか。言葉を覚え、どんな仕事も厭わず、苦しい生活を送りながらも、地道な活動を続けて、次第にアメリカに馴染んでいく。

また、欧米布教からの宗演の帰国と前後してサンフランシスコに飛びだした釈宗活の活動も、小さいながら一歩である。ラッセル夫妻からアメリカでの布教を勧められたこともあり、宗活は日本とアメリカを一年おきにいったり来たりして布教しようと考えた。宗活は宗演に印可を与えられたその年、東南アジア遍歴の旅に出ている。インド、シャムなどをまわったのち、バンコクのワッサケ寺に二年間滞在した。帰国した宗活は、宗演から両忘会の再興を命ぜられる。両忘会とは、洪川が山岡鉄舟や鳥尾得庵らの依頼によってつくった坐禅の修行会であった。しかし中心となる人物がいなかったため、中断していたものを、東京の日暮里に根拠を据えて再興していたのだ。宗活はこの両忘会の多くの弟子を連れてアメリカへ渡った。東南アジア遍歴の経緯もあってか、宗活は仏教東漸は仏教者の使命と考えている。明治三十九（一九〇六）年一月のことであった。その一団の中に東京美術学校で高村光雲の指導を受けた佐々木指月《しげつ》がいる。彼は両忘会で、宗活から坐禅の指導を受けていた。

宗活一行は、オークランド郊外の土地つきの家を譲り受けた。そして、トマトづくりをし、自給自足しながら伝道する計画を立てた。だが、農産物の価格が不安定で、結局は失敗に終わってしまう。一行はサンフランシスコに移り、日本人会ホールを借りて坐禅の指導をする。如幻もここで教えを受けたことがある。渡米からおよそ二年、宗活は日本に帰国し、半年後に再び渡米する。しかしサンフランシスコでも思うようにいかず、日本へ帰ることになる。宗活のアメリカ布教は足かけ四年で終わったが、それはけっして徒労ではなかった。

如幻は、そのままサンフランシスコで伝道を続け、宗活が連れていった佐々木指月はアメリカに残ったのである。指月は白人家庭で働き、またさまざまな仕事につきながらカリフォルニア大学の美術科を卒業し、彫刻家として活動したが、あちこちで禅の話をするうちに考えが変わり、僧侶の資格を得て、本格的に伝道をはじめようと日本へ帰ってきた。大正九（一九二〇）年のことである。そして、宗活のもとで修行し、印可を受けると再び渡米した。

こうした一連の活動のすべてが成功したわけではなかった。ただ、一つひとつの活動が誰かに受け継がれ、長い歳月をかけて実り、「アメリカ禅」となって広まったことをはたしかである。

大正十一（一九二二）年、指月はニューヨークで白人伝道をはじめ、昭和五（一九三〇）年にはついにニューヨークに曹渓庵《そうけいあん》（第一禅堂ともいわれる）という寺を建てる。これがアメリカの禅堂第一号となった。さらに北米仏教協会という看板を掲げて、財団法人の認可を得た。指月は、「禅をアメリカに根づかせることの困難さと、それに要する忍耐は、恰かも蓮が岩に根を下ろすまで、その蓮を支えているようなもの」といった。そのうち白人の参禅者が増えてくる。指月は英語で『臨済録《りんざいろく》』『雑阿含経《ぞうあごんぎょう》』などの講義をし、坐禅の指導をする。こうして次第にアメリカでの布教伝道は根づき、活発になっていった。

さて如幻はといえば、大正十五（一九二六）年、ドイツ人の仏教僧ハルマン・ルウと共にサンフランシスコのヘート街にようやく「桑港仏教団《サンフランシスコ》」を設立したとき、自らを居士と称した。白人に仏教を説きはじめると、あるときなどは二百人ほどもやってくることがあった。しかし、ルウがサンフランシスコを去り、桑港仏教団も解散する。それから二年後、如幻はブッシュ街の曹洞宗桑港寺の地下室で、仏法専心道場の「東漸禅窟《とうぜんぜんくつ》」と、東洋文化を白人や日系二世に伝える機関「群英学園」という、二つの事業を起こした。如幻が渡米して二十年の歳月がすぎている。英語は堪能とはいえないまでも、アメリカ人の人情や風俗、思潮の趨勢を知ることはもう難しくはない。「東漸禅窟」と「群英学園」を起こすにあたって、如幻が書いた「米国桑港東漸禅窟設立趣意書」から、如幻は何をめざしていたのかがうかがえる。

仏教東漸して太平洋の此岸にあるや久し。加州の地、寺院及び教会の数少なしとせず。其の所属の宗派を挙ぐれば、本願寺の東西両派あり、高野山の大師教会あり、日蓮宗あり、また曹洞宗あり、各々特色を発揮して、在米同胞のために布教を怠らず。然《しか》りと雖《いえど》も、総てこれ母国に於ける寺檀関係の延長したるものにして、進んで皙白碧眼《せきはくへきがん》の道友間に積極的に伝道をなさんとするの気運未だ到来せざるに似たり。………海外行脚の一閑人《いちかんにん》、自ら揣《はか》らずして敢えて如来聖教の釈義を努める所似のもの、卿摩騰法蘭《けいまとうほうらん》の古蹤《こし》に倣わんと欲するがためなり。他日若し現代の羅什《らじゅう》来たり、日本の覚賢《かくけん》来たるの勝縁あらば、わが今日野に撒布せる芥子の種も、或いは其の萌芽を見るにいたらんも未だ知るべからざるなり。………

今若し明眼の宗師ありて、如来の正法を挙揚せんに、金髪緑眼の菩薩子其の会下《えか》に参集せんこと、日を期して待つべきなり。東漸禅窟を起こさんとするの趣意蓋《けだ》し是にあり。

思うに、基督教徒の病弊は、其の所謂聖書なるものに拘泥して、自個の霊覚を等閑にするところにあり。仏教徒の陋見《ろうけん》あるものは、伽藍の維持経営を以て焦眉の急となし、精神的の檀波羅蜜《だんはらみつ》を第二義となすもの多し。二者共に其の宿痾《しゅくあ》に悩まさること久しく、今に気息奄々《きそくえんえん》として漸く其の余命を保留するに過ぎざるものあり。

(仏教が東方に進んで太平洋のこの地にきて久しい。カリフォルニアには寺院や教会が少なくない。本願寺の東西両派、真言宗、日蓮宗、曹洞宗が、それぞれに個性を発揮して、在米日本人のために布教に励んでいる。しかし、これらは母国の寺檀関係の延長で、白人に積極的に伝道しょうという気運はまだないようだ。……

海外行脚の一人として、如来聖教の意義を説き明かそうとするのも、迦葉摩騰《かしょうまとう》に倣いたいからである。いつかもし現代の鳩摩羅什《くまらじゅう》がきて、日本の覚賢がくるような良い縁があれば、私が今、野に撒いている芥子の種も、もしかすると萌芽を見るかもしれない。

優れた宗師が如来の正法を説き、そのもとにいつか仏陀を理想として修行する白人が参集するのを待つべきである。東漸禅窟を起こそうとする趣意はこれである。キリスト教の弊害は、聖書にこだわるあまり、人には計り知れない宗教的霊感があることを蔑ろにすることである。仏教徒の狭い考えは伽藍の維持経営を急ぎ、精神的な財宝や善法などを施すことを後回しにするものが多いことである。二者ともにその宿痾は長く、今では息も絶え絶えで、辛うじてその命脈を保っているにすぎない）。

宗演と同じように、如幻もアメリカ人の中に禅が育つ土壌を見ているのである。キリスト教も仏教も、かたちだけの教えは今や如幻には問題ではない。中国に最初に仏教を伝えたインドの僧である摩騰《まとう》のように、如幻もまた純粋な禅をアメリカ人に伝える最初の人になろうとしているのだ。さらに、鳩摩羅什（西域のクチャ出身で、五世紀にかけて活躍した学僧）や覚賢（北インド出身の仏教経典翻訳僧）のような名僧の出現を夢見ながら、「アメリカ禅」を実践していこうとしている。如幻の覚悟が溢れる趣意書ではないか。宗演とゴールデン・ゲイト・パークで誓った壮大な計画は萎えることなく、それどころか如幻の命となって奮い立つのである。日本からの「自ら東漸の法灯を掲げんとする達磨の児孫あらば、如幻願わくは永く巾瓶《きんびょう》に侍し（弟子として仕え）、通訳敷衍の奉仕をなさんと欲す」と、禅宗の始祖である達磨の志を継ぐような人がいるなら、私は細やかな配慮で支え、通訳などに力を尽くしたいとしている。自分の力だけではおよばないことも承知しているのだ。しかし、高邁な理想を掲げて事業を起こしても、そう上手くは運ばない。

このころ、鈴木大拙が英語で禅を説いた最初の著作を刊行した。昭和二（一九二七）年、ロンドンのルーザック社版の *Essays in Zen Buddhism, First Series,* つまり禅論文集シリーズの第一弾『禅論文集　第一集』である。この著作はのちにアメリカやフランスでも出版され、西洋世界に与えた影響は長く「空前絶後」といわれ、欧米の学者が仏教を研究するときの第一の書となった。大拙が英文著作のタイトルに、禅を日本語の発音のまま Zen と表記して出版したのはこれが最初である。第二集は昭和八年に、第三集は翌年の昭和九年に出版している。宗演の禅を世界に広めたいという念願を、弟子の大拙がかたちにしようとしている。大拙の影響を受けた人たちの著作もまた、一般のアメリカ人に伝わっていく。大拙の強みは何といっても、彼自身が厳しい修行を終えた居士であること、長いアメリカ生活で英語が堪能なことだ。さらにビアトリス夫人は熱心な仏教徒であり、優れた仏教研究者でもあったから、大拙の英文による執筆を大いに助けた。

禅論文集の刊行がはじまったのは、宗演の遷化から八年後である。したがって宗演は大拙のこの成功を見ていない。大拙は「楞伽窟《りょうがくつ》老大師の一年忌に当たりて」という文の中で、「老師も動かずにじっとして居られたら、もっと長き命はあったに相違ない。併し四囲の事情はこれを許さなかった、また老師の性格も只生きのびるためにとて鎌倉に隠栖することを許さなかった。内外の勢で六十一歳はその寿命となった。吾々の方から見れば、もう十年生きて居られたならなどと思うことが屢〻《しばしば》ある。老師の尚お若きときには『わしは四十まで生きて居るかどうか』と云われたこともあった。血気盛んなとき、又は修行中には随分無理を通して来たのであるから、自分のからだは『ひび』だらけであるなどと云われたこともあった。体質から見ればあまり強い方ではなかったと思う、それでも養生のしようでは七十位は何でもなかったろう。六十までもてたのも精神の力であったに相違ない」と書いている。自身の活躍を予見させる言葉である。宗演がせめて七十歳まで生きていたら……大拙の無念の深さが伝わってくる。

さて、大拙の英文著作は、布教伝道に励む如幻たちの追い風になったに違いない。如幻の「浮遊禅堂」が、まるで放浪するように彷徨《さまよ》いながらロサンゼルスのターナー街に「東漸禅窟」となって定着したのは昭和六年のことである。ロサンゼルスに移ったからといって、大きな進歩があったわけではない。如幻がロサンゼルスに移動しただけである。宗演の遷化から十二年が経っていた。この年、古川堯道が円覚寺派管長と僧堂師家を辞任して渡米し、東漸禅窟の師家に就任したのだが、半年ほどで病気になり帰国してしまう。堯道の渡米も、禅の布教に力を入れようとしたことの現れである。

ところで、ようやく如幻に一条の光が差しこむときがきた。支持者とも弟子ともいわれる棚橋夫人が如幻に『婦人公論』を差しだした。そこには大菩薩禅堂で独り木食《もくじき》の修行をする中川宗渕という青年僧の日記が掲載されていたのだ。木食とは一日一食で、木の実や草だけを食べて修行することだ。その内容に共鳴した如幻は早速手紙を書き、宗渕と交信をはじめた。如幻がようやく得た同志だった。宗渕は明治四十(一九〇七)年生まれで、東京帝国大学在学中にクラブ活動を通して禅に触れ、昭和六（一九三一）年に山梨県塩山の向嶽寺の服部敬学について仏門に入っていた。宗渕はその後、山本玄峰《げんぽう》と出会い、師事する。そして師に携行して三島の龍沢寺に移っている。山本玄峰は後に昭和二十二（一九四七）年十月から二十四年二月まで妙心寺派管長を務めた人である。

宗演の弟子のうち、日露戦争で戦死した植村宗光の最期が、その後判明している。昭和十二（一九三七）年のことである。新聞に植村中尉の最後という記事が掲載された。それによると、宗光の行方を毎年探索していた花田仲之助（元中佐）が、彼が捕虜になっていた辺りで、かつてロシア軍に食料などを納める御用商人だった李国才という男から、その最期を教えられたというものだった。「ある日、日本の将校の捕虜がきた。その人には特別に一つのテントが与えられ、ロシア軍の士官一人と兵三人が監視し、非常な優遇で毎日珍味が出された。だが、彼はそれを口にせず牛乳も水も飲まず端坐瞑目、一日散歩につれ出されたら彼は道に立ち止まって遥かに東南の方を拝んでいた。李国才はいかにも無念そうなその顔を思い出すと語った」という。これが植村宗光だった。宗光は断食して亡くなった。ロシア軍は埋葬してくれたが、その場所ははっきりしないという。それでも花田は埋葬地と思える場所の土をもち帰り、東慶寺の宗光塔下に納めている。

昭和十六（一九四一）年十二月、日本軍の真珠湾攻撃によって、日本からの移民を排斥する機運が急速に高まった。また西海岸のアメリカ人の間にも動揺が広がり、ルーズベルト大統領は大統領令に署名する決断をくだす。自ら西海岸を去って東部や中西部に移転した日本人もいたが、勝手に住む土地を変えないように「凍結命令」が出る。国防長官は軍事的重要地域に指定されたカリフォルニア、ワシントン、オレゴン、アリゾナ各州に居住していた日系人およそ十一万人を、彼らのおよそ三分の二がアメリカ市民権をもっていたにもかかわらず、「集会場」に出頭するよう命じ、後日、収容所に移した。日系人というだけで、住宅や仕事場を整理する時間の余裕も与えられず、敵性国人として強制的に退去させられた。ほとんどの人が大きな損害を被ったのである。そしてカリフォルニア州の内陸部にあるマザンナーなどの強制収容所に収容された。収容所は十カ所にあった。

如幻はといえば、ワイオミングのハート山中の強制収容所に入れられた。いよいよ宗渕の渡米が可能となって、如幻がビザを取って待っていたときである。交信もできなくなった二人は、毎月二十一日を霊交の日と決め、時間まで合わせて遠く挨拶を交わしたという。

「集会場」から「再配置場」に移された日系人の男性は、次のように記した。「再配置場の実体は刑務所である。武器を携行した看守がスポットライトと機関銃を備えた塔に立っている。四メートル半もある有刺鉄線の柵に囲まれ、午後九時になると全員が部屋に閉じ込められて十時には消灯する。看守は柵から六メートル以内に近づいた者は誰でも射殺するよう命令されている。

……食べ物とトイレは最悪だ。ここにきてから新鮮な肉にも野菜にもバターにもお目にかかったことがない。食事時間には長い列ができる。雨にたたきつけられた足を泥まみれにして缶詰のウインナーとゆでたポテトの食事を待つ」。シャワーは水だけ、泥の匂いとゴミだらけという不潔な環境の中で、アメリカに馴染んだ日系人は生きることになる。

如幻が収容された収容所も同じようなものだった。この苛酷な状況の中でも、毎月二十一日に宗渕と交わす挨拶は、如幻の支えの一つになっただろう。強制収容所で詠んだ如幻の短歌がある。

いかにして　建てし国かと　捕らわれの
　　身をいきどおる　日系市民
托鉢の　昔のままの　心にて
　　食堂にいく　列に連なる
師仏の　教えの中に　敵という
　　言葉はあらじ　慈悲ばかりにて

如幻もまた、缶詰のウインナーとゆでたポテトをもらうために、長い列に連らなっている。その昔、托鉢に歩いたときと同じ心で。

佐々木指月も収容されていた。各地の収容所を転々としているうち、指月は高血圧から心臓を病むようになった。ニューヨークの弟子たちが出所を嘆願したが許可が出るはずがない。そのとき、一人のアメリカ人女性が指月を救った。彼女は弁護士の未亡人で、指月の熱心な弟子であった。この女性フーラー・ルースは指月と結婚することで、彼を収容所から救いだしたのである。一年半にわたる抑留生活から解放されたのは、終戦三カ月前であった。しかし、これはあまりに遅かった。曹渓庵に帰り、医師の手当てを受け、弟子たちの看護を受けたが、指月は世を去る。昭和二十（一九四五）年五月、指月六十四歳。四十年間をアメリカで白人伝道に生きたのだった。

戦後、日系人の大方はもとの居住地に戻ったものの、その苦労は想像を超えるものだったと思われる。昭和二十四年、中川宗渕は如幻に会うために、ロサンゼルスへ飛んだ。如幻はこの日をどれだけ待ちわびていたか。七十歳をすぎた如幻は、ようやく後継者を得たのである。宗渕はアメリカに留まることはできなかったが、海外布教には情熱を燃やし、アメリカでも十三回の布教を行っている。

昭和二十四年、七十九歳になった大拙もまたハワイ大学での第二回東西哲学者会議に出席するために渡米していた。大拙は日本に帰ることもあったが、アメリカ本土に渡り、各大学での講演活動を続けていた。昭和二十七年一月、アメリカから古田紹欽《しょうきん》に宛てた書簡に、「国会図書館の徳澤にきいて見てくれ玉わぬか、／三島龍澤寺の中川宗淵君から、ロス・アンゲレスの千崎如幻君へ送ると云う大正蔵経は、その後どうなって居るか、国会図書館を通して、たゞで、送ることが出来るよう、徳澤君はいって居た、それは去る九月のことだが、もう三ケ月以上もたって居る、その手続きをしてくれたか、如何、千崎は待ちこがれて居る」と書いている。大拙はアメリカで如幻に会うこともあったのだ。如幻には仏教書もなく、あてにできる知人も少なかったのだろう。

昭和三十（一九五五）年、如幻は日本へ里帰りしたが、郷里の青森へいったあと、円覚寺で宗演、禅忠の拝塔を済ませ、宗渕のいる三島の龍沢寺に向かった。宗渕は高齢になった山本玄峰が辞任したため龍沢寺住職を務めていた。

七十八歳になった如幻は、望郷の念にかられて故国の土を踏んだのだろうが、そこにあったのはもう如幻の知っている日本ではなかった。日本は高度経済成長時代に突入しようとしていた。自動車工業会社は小型自動車を発表し、三種の神器と呼ばれる冷蔵庫、洗濯機、白黒テレビが急速な普及をみせていた。テレビの普及でプロレスの人気が高まる一方で、映画は黄金期を迎えようとしている。如幻にこれらが明確に見えるはずはないだろうが、もう敗戦の傷跡さえうかがえない日本の繁栄と活気は伝わっただろう。

如幻は、ほとんど人に会わず龍沢寺に籠もっていた。自分の居場所がないことを確信したのだろう。如幻はロサンゼルスへ帰った。そして東漸禅窟をさらに東へ移そうと、東部の調査を行っている。だが在米五十余年にわたった如幻の伝道生活もついに終わりがくる。昭和三十三（一九五八）年五月七日、ロサンゼルス市東二番街二〇一四の東漸禅窟で八十一歳の生涯を終えたのである。天涯孤独という運命を背負いながら、異郷の地で白人伝道に捧げた生涯だった。初七日に葬儀が営まれたが、如幻が吹きこんであった遺言のテープが流されたという。

かもめ鳴く　海辺の宿に　旅寝して
　枕にひびく　浪を聞かばや

この短歌はいつ詠んだものかわからない。しかし如幻の生涯を象徴するような響きがあって胸を打つ。ゴールデン・ゲイト・パークで宗演と別れてからの五十年あまり、異国での旅寝の連続に違いない。ことにたった一度里帰りしてからの日本は、遠い故国だったであろう。

如幻の死をもって、伝道の道が断たれたわけではない。昭和三十五（一九六〇）年、宗渕の示唆で渡米した弟子の嶋野栄道は、マンハッタンの東六十七番街にニューヨーク禅堂正法寺を定めた。東漸禅窟の印のある『大蔵経』全巻と、如幻と宗渕の書簡三包みをそこに収めている。アメリカ布教に生涯をかけた如幻たちのことを、大拙はのちに、「老師のアメリカ開教の後、老師の弟子の釈宗活老師もアメリカにいったが、あまりうまくいかなかったように聞いている。只宗活老師についていった佐々木指月師や、宗演老師の弟子、千崎如幻師が、アメリカに禅を伝道した功績は少なくないであろう。先年、ロサンゼルスから千崎師は何十年ぶりかで日本に戻り、帰米して間もなく亡くなったが、惜しいことをしたものだ。千崎師の講演はなかなかアメリカ人の間にも人気があったものだ」と語っている。

大拙は著作や講演で禅を広めた。その活躍があり、如幻や指月の布教伝道があってこそ、アメリカに禅は根づいたといえる。

宗演から千崎如幻、中川宗渕、嶋野栄道へと継がれた禅は、大菩薩禅堂で今も多くのアメリカ人に受け入れられている。また宗演から釈宗活、佐々木指月とつながれた第一禅堂は、戦後、佐々木ルース・フーラーが会長となり、娘婿へとつながって存在感を発揮していく。のちに彼女は来日し、京都の大徳寺境内の竜泉庵の住職となり、坐禅修行にやってくる外国人のために便をはかっていたが、昭和四十二（一九六七）年に日本で亡くなった。

大拙の活躍は続く。昭和二（一九二七）年の『禅論文集』以降、次々と三十点近い英文の著作を刊行していった。その多くの著作のタイトルに Zen を入れている。まさに「禅」はＺＥＮとして世界に広まったのだ。そして昭和三十四（一九五九）年にアメリカとイギリスで、英文の名著といわれる *Zen and Japanese Culture*, つまり『禅と日本文化』が出版されるのである。これらの英語での禅に関する著作が、欧米の禅ブームを生む。

アメリカにおける禅ブームの陰には、中国や韓国の禅宗の貢献もある。中国の禅僧、宣化上人はカルフォルニアで法界仏教総会（旧称、中美仏教総会）を設立し、ゴールド・マウンテンに金山聖寺を開いた。韓国の崇山《スンサン》法師などが、韓国の禅の教えを伝えている。こうした活動も禅ブームの追い風になったといえるだろう。

宗演から鈴木大拙に継がれた禅はヨーロッパへ渡った。宗活の法嗣の大峡竹堂《おおはざまちくどう》も、ドイツ留学中にドイツ語でものした『禅』という書をもって、ドイツにおける禅への関心を喚起している。大拙は昭和四十一（一九六六）年七月、九十六歳の生涯を閉じた。和文の著作およそ二百点、英文の著作およそ三十点を残している。

こうして宗演の弟子たちがアメリカでの伝道布教に力を注いでいるとき、世界の宗教界も動いていた。一九三九年、ローマ教皇ピウス十二世は、キリスト教文化・文明以外の文化・文明を尊重する姿勢を表明した。そして、一九六一年にはプロテスタント側が宗教間対話という課題に取り組むことになる。カトリックでは、一九六二年から六五年にかけて「第二ヴァチカン公会議」が開催され、「宗教間対話を推進する」という方向性が打ちだされた。

カトリック教会は、これらの諸宗教（ヒンドゥー教・仏教・イスラム教・ユダヤ教）の中に見いだされる真実で尊いものを何も排斥しない。これらの諸宗教の行動と生活の様式、戒律と教義を、まじめな尊敬の念をもって考察する。それらは、教会が保持し、提示するものとは多くの点で異なっているが、すべての人を照らす真理の光線を示すこともまれではない。……したがって、教会は自分らの子に対して、キリスト教の信仰と生活を証明しながら、賢慮と愛をもって、他の諸宗教の信奉者との話しあいと協力を通して、かれらのもとに見いだされる精神的・道徳的富および社会的・文化的価値を認め、保存し、さらに促進するよう勧告する。

諸宗教も「すべての人を照らす真理の光線を示すこともまれではない」という含みのある言葉で、キリスト教を上位に置くのは仕方がないとして、明文をもって他の宗教にも真理の要素があることをキリスト教が認めたのだ。宗演がアメリカでルーズベルト大統領と会見し、「仏教が欧米化し、耶蘇教が日本否東洋化せば、世界の平和是に於て始めて成らん」と述べたときからおよそ八十年が経っている。

二十世紀末、こうして仏教とキリスト教との出会いがはじまった。東西霊性交流である。昭和五十四（一九七九）年の第一回目には、日本の禅僧三十名が欧州のカトリック修道院の生活を体験した。二回目は欧州の修道院長十九名が、禅道場での生活を体験している。第一回目から参加した宝積玄承《ほうづみげんしょう》（花園大学・実践禅学）は二十年を経たのち、「ヨーロッパ禅の試み——禅は国際宗教たりうるか」と題した文の中で、毎年ヨーロッパ七カ国において修道院で坐禅を指導し、接心する様子を書いている。修道士たちがキリスト像の前で坐禅に励み、「警策の音が静かな修道院に高く響く」。ヨーロッパが必要としているのは、禅宗ではなく禅の修行であり、禅の思想であると、宝積はいう。坐禅はキリスト教の瞑想ではない。しかしヨーロッパ人にも、現実のわずらわしさから逃れて、静かに瞑想にひたっている人たちがいる。「教理、理論をしっかり踏まえず、形ばかりの行や境地だけでは、真の交流は望みえないのである」と宝積は考えながら、それでも求道者がいるヨーロッパ大陸へ飛んでいく。宝積もまたヨーロッパの接心に集まってくる人たちから多くを学んでいるからであって、そうした立場に徹するとき、「禅は国際宗教たりうる充分の可能性をもってくる」という。

栄西が臨済禅を、道元が曹洞宗を日本に伝えたのは鎌倉時代であった。隠元《いんげん》の黄檗宗《おうばくしゅう》にしても江戸時代である。禅はゆっくりと静かに時代をめぐっている。未来の時間はまだ残されている。いつの日か、禅とキリスト教、仏教と他宗教との間に個別の教義・教団を超えた「真の交流」がはじまる時代がくるだろう。

禅をZENとして世界に広めるパイオニアとなった釈宗演。宗演が今生きていたら自らヨーロッパへ飛び、修道士に接心するだろう。宗演にとってはこれも「得意、愉快、幸福」に違いない。

参考文献

釈宗演全集第一〇巻、松田竹の嶋人編、平凡社、一九三〇年
釈宗演『西遊日記』新訳、井上禅定監修、正木晃現代語訳、大法輪閣、二〇〇一年
釈宗演『欧米雲水記』金港堂、一九〇七年
釈宗演『宗演禅師書翰集』長尾大学編、二松堂、一九三一年
井上禅定『釈宗演伝——禅とZenを伝えた明治の高僧』禅文化研究所、二〇〇〇年
長尾宗軾『宗演禅師と其周囲——伝記・釈宗演』大空社、一九九三年
『宗演禅師遺芳』小畑耕太郎編、高浜町文化協会、一九六八年
『釈宗演——郷土の生んだ明治の高僧・平成十五年度企画展』高浜町郷土資料館、二〇〇三年
鈴木大拙全集第二九巻、三〇巻、岩波書店、一九七〇年
鈴木大拙『禅堂生活』横川顕正訳、岩波文庫、二〇一六年
鈴木大拙・西田幾多郎『西田幾多郎宛鈴木大拙書簡——億劫相別れて須臾も離れず』西村恵信編、岩波書店、二〇〇四年
『鈴木大拙——没後四〇年』松ケ岡文庫編、Kawade道の手帖、河出書房新社、二〇〇六年
西田幾多郎全集第一九巻、岩波書店、二〇〇六年
漱石全集第一二巻、岩波書店、一九九四年

夏目漱石『門』新潮文庫、一九四八年
ジェームス・E・ケテラー『邪教／殉教の明治　――廃仏毀釈と近代仏教』岡田正彦訳、ぺりかん社、二〇〇六年
常光浩然『日本佛教渡米史』佛教出版局、一九六四年
常光浩然『明治の仏教者』上下、春秋社、一九六八、六九年
鈴木範久『明治宗教思潮の研究――宗教学事始』東京大学出版会、一九七九年
多田稔『仏教東漸――太平洋を渡った仏教』禅文化研究所、一九九〇年
『新版　明治の禅匠』禅文化研究所編集部編、禅文化研究所、二〇一二年
『近代仏教を問う』智山伝法院編、廣澤隆之・宮坂宥洪監修、春秋社、二〇一四年
『新アジア仏教史一四　日本4　近代国家と仏教』末木文美士編、佼成出版社　二〇一一年
『近代日本の仏教者――アジア体験と思想の変容』小川原正道編、慶應義塾大学出版会、二〇一〇年
吉田久一『日本の近代社会と仏教――日本人の行動と思想6』評論社、一九七〇年
『宗教の挑戦』岩波講座宗教第九巻、池上良正他編、岩波書店、二〇〇四年
『禅と現代』叢書禅と日本文化第九巻、西村惠信編、ぺりかん社、一九九八年
ケネス・タナカ『アメリカ仏教――仏教も変わる、アメリカも変わる』武蔵野大学出版会、二〇一〇年
ブラッドリー・K・ホーキンズ『仏教』シリーズ二一世紀を開く世界の宗教、瀧川郁久訳、春秋社、二〇〇四年

守屋友江『アメリカ仏教の誕生――二〇世紀初頭における日系宗教の文化変容』現代史料出版、二〇〇一年
『アメリカを知る事典』荒このみ他監修、平凡社、二〇一二年
『『ニューヨーク・タイムズ』が見た第二次世界大戦　上（一九三九―一九四二）』ダグラス・ブリンクリー編、池上彰日本語版監修、原書房、二〇〇五年

『高浜町誌』福井県大飯郡高浜町、ぎょうせい、一九八五年
梅原猛『親鸞「四つの謎」を解く』新潮社、二〇一七年
竹貫元勝『鎌倉の禅寺散歩』慶友社、二〇〇一年
田村晃祐『近代日本の仏教者たち』日本放送出版協会、二〇〇五年
那須理香「一八九三年シカゴ万国宗教会議における日本仏教代表・釈宗演の演説――『近代仏教』伝播の観点から」『日本語・日本学研究』五号、二〇一五年
宝積玄承「ヨーロッパ禅の試み」『仏教』一〇号、法蔵館、一九九〇年
松尾剛次『鎌倉古寺を歩く――宗教都市の風景』吉川弘文館、二〇〇五年
森孝一「シカゴ万国宗教会議――一八九三年」『同志社アメリカ研究』二六号、一九九〇年
横田南嶺『禅の名僧に学ぶ生き方の知恵』致知出版社、二〇一七年
『うちのお寺は臨済宗』藤井正雄総監修、双葉社、一九九七年

中島美千代

福井県福井市に生まれる.
著書：短詩型評論『おんなの詩小箱』草苺叢書第7編（草苺短歌会, 1994),『青木繁と画の中の女』(TBSブリタニカ, 1998),『夭折の歌人　中城ふみ子』(勉誠出版, 2004).

釈宗演と明治　ZEN初めて海を渡る

2018年5月25日　第1刷発行

著　者　中島美千代《なかじまみちよ》

発行者　中川和夫

発行所　株式会社ぷねうま舎
〒162-0805　東京都新宿区矢来町122　第二矢来ビル3F
電話 03-5228-5842　　ファックス 03-5228-5843
http://www.pneumasha.com

印刷・製本　株式会社ディグ

ISBN 978-4-906791-81-1　　Printed in Japan